한글과 수 놀이 첫 단추

문해력 쑥! 수리력 쑥!
유아 놀이 60

한글과 수 놀이 첫 단추
문해력 쑥! 수리력 쑥! 유아 놀이 60

초판 1쇄 발행 2025년 10월 10일

지은이 | 김민경, 김현진, 유은지, 이영은, 장효정, 최미화, 김나영
발행인 | 최윤서
편집 | 임현진
디자인 | 김수경
마케팅 지원 | 최수정
펴낸 곳 | ㈜교육과실천
저자 강의·도서 구입 | 02-2264-7775
인쇄 | 031-945-6554 두성 P&L
일원화 구입처 | 031-407-6368 ㈜태양서적
등록 | 2020년 2월 3일 제2020-000024호
주소 | 서울특별시 중구 창경궁로 18-1 동림비즈센터 505호

ISBN 979-11-994631-5-8(13370)
정가 22,000원

저작권법에 따라 한국 내에서 보호를 받는 저작물이므로 무단 전재 및 복제를 금합니다.
저자 강의 및 도서 문의는 교육과실천 02-2264-7775로 연락 주십시오.

한글과 수 놀이 첫 단추

문해력 쑥!
수리력 쑥!
유아 놀이 60

김민경, 김현진, 유은지, 이영은, 장효정, 최미화, 김나영 지음

작가의 말

"선생님, 우리 원에서도 한글, 수를 가르치나요?"

교사가 상담 과정에서 학부모님들께 꼭 듣는 질문입니다. 선생님들께서는 이 질문에 어떻게 대답하시나요? 이런 질문에 어떻게 현명하게 대답할 수 있을지 고민하는 선생님들이 함께 생각하고 연구하며 답을 찾아 이 책을 엮게 되었습니다.

유아기에 한글, 수를 단순히 익히는 것보다 더 중요한 것은 유아들의 문해력, 수리력의 토대를 마련하는 것입니다. 그렇다면 이 시기에는 어떻게 문해력, 수리력을 향상 시킬 수 있을까요? 유아들은 일상과 자연스러운 놀이 속에서 모든 것을 경험하고 배우게 됩니다. 이에 이 책에서는 관습적으로 한글, 수를 배우는 것이 아니라 일상생활과 놀이 속에서 발현적 문해력, 수리력을 향상 시킬 수 있는 다양한 방법을 담아 보았습니다.

세상에 태어나 모든 것이 처음인 유아들이 경험하는 모든 것은 배움의 도구가 될 수 있습니다. 이 배움의 도구들과 더불어 누리과정 5개 영역과 연계하여 유아들이 주변에서 쉽게 경험할 수 있는 여섯 가지 놀이를 선정하였습니다. '음악·신체', '그림책', '디지털', '미술', '자연물', '환경 인쇄물'을 활용한 놀이는 유아들이 자연스럽게 문해력과 수리력을 키울 수 있도록 도와줄 것입니다.

문해력, 수리력 놀이는 한 번의 경험으로 끝나는 것이 아니라 가정과 연계하여 배움의 연속성을 가지고 지속적인 경험이 누적될 때 효과적입니다. 그래서 가정에서도 쉽게 할 수 있는 문해력, 수리력 놀이를 카드 뉴스로 만들어 책 속에 담았습니다. 책 속에 담긴 카드 뉴스를 통해 교사들은 학부모님께 보다 쉽게 바람직한 문해력, 수리력 교육의 방향성을 알릴 수 있을 것입니다. 또 학부모님들께서는 카드 뉴스에 있는 문해력 수리력 놀이를 실천해 봄으로써 바람직한 교육 방법에 대한 이해와 유아 교육에 대한 관심을 높일 수 있을 것입니다.

이 책은 유아의 문해력과 수리력을 어떻게 놀이로 녹여낼 수 있을지 고민하는 선생님들에게는 구체적인 가이드를, 학부모님께는 유아가 일상생활과 놀이 속에서 어떻게 주도적으로 문해력과 수리력을 경험하는지에 대한 답을 제공할 것입니다.

이 책을 집필한 저자들은 모든 유아가 행복한 삶 속에서 즐겁게 배움의 길을 찾기를 바랍니다. 저희와 같은 고민을 하고 계신 선생님들에게 놀이를 통한 문해력, 수리력 교육의 첫 단추가 되고 싶습니다.

2025 가을의 문턱에서
저자 일동

이 책의 활용법

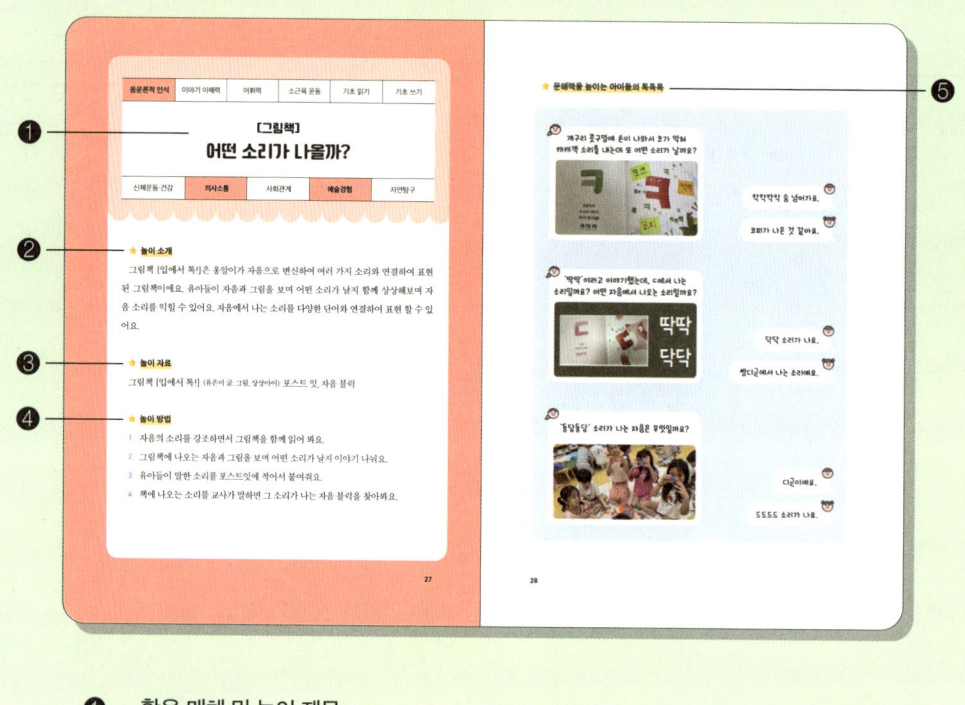

❶ 활용 매체 및 놀이 제목

❷ 놀이 소개

❸ 놀이 자료

❹ 놀이 방법

❺ 문해력과 수리력을 높이는 아이들의 톡톡톡

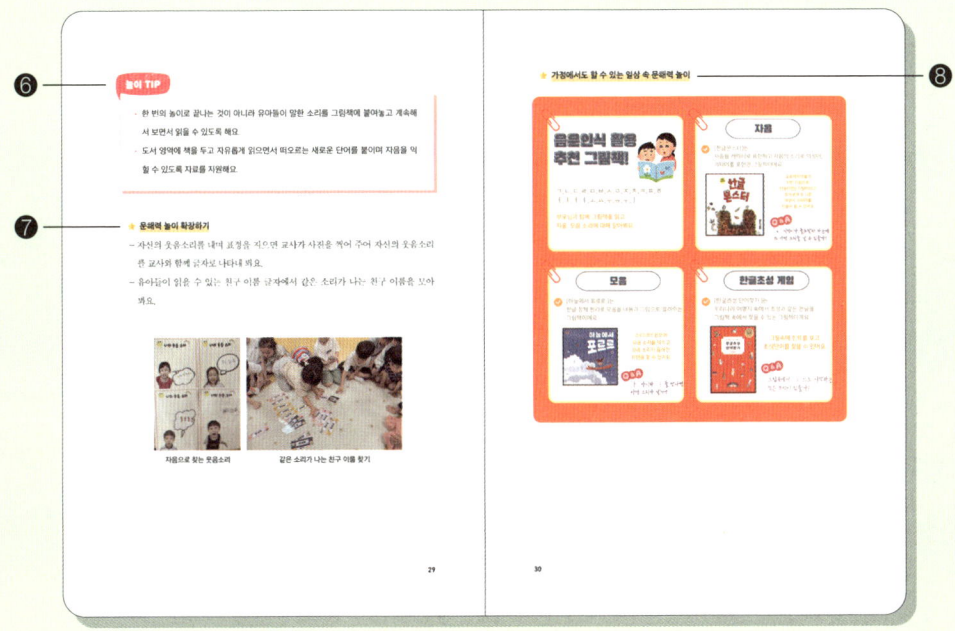

❻ 놀이 팁

❼ 문해력과 수리력 놀이 확장하기

❽ 가정 속 일상 놀이 카드뉴스

목차

작가의 말 — 4
이 책의 활용법 — 6

1. 문해력과 수리력

유아기 문해력이란? — 15
유아기 수리력이란? — 18

2. 문해력 쑥! 유아 놀이

1) 음운론적 인식

[음악-신체] 하나! 둘! 셋! 단어 챌린지 — 23
[그림책] 어떤 소리가 나올까? — 27
[디지털] 봄과 함께 ㄱㄴㄷ — 31
[자연물] 자연 속 한글 스텐실 카드 — 35
[환경 인쇄물] 음식 가족의 맛있는 노래 — 39
[유-초 이음교육] 초등학교 1학년 교실 속 수업 이야기 — 43

2) 이야기 이해력

[음악-신체] 길로 길로 가다가 —45
[그림책] 내가 만든 이야기 —49
[디지털] 아기 씨앗의 여행 —53
[미술] 이야기가 살아있는 미술관 놀이 —57
[환경 인쇄물] 잡지 속 이야기를 찾아서 —61
[유-초 이음교육] 초등학교 1학년 교실 속 수업 이야기 —65

3) 어휘력

[그림책] 우리 엄마를 소개해 —67
[디지털] 인공지능 친구와 단어 창고 —71
[미술] 나의 마음속 이야기 —75
[자연물] 자연 단어 수집가 —79
[환경 인쇄물] 알쏭달쏭 우리 가게 —83
[유-초 이음교육] 초등학교 1학년 교실 속 수업 이야기 —87

4) 소근육 운동

[음악-신체] 엄지 체조 —89
[그림책] 조물조물 나의 여름 —93
[디지털] 톡톡! 손가락 아트 공작소 —97
[미술] 거미줄에 걸린 글자 —101
[자연물] 땅속 탐험대 —105
[유-초 이음교육] 초등학교 1학년 교실 속 수업 이야기 —109

5) 기초 읽기

[음악-신체] 따라쟁이 말놀이 —111

[디지털] 글자 사냥을 떠나자! —115

[미술] 글자 징검다리 —119

[자연물] 우리가 가꾸는 텃밭 지도 —123

[환경 인쇄물] 너의 이름은? —127

[유-초 이음교육] 초등학교 1학년 교실 속 수업 이야기 —131

6) 기초 쓰기

[음악-신체] 내가 연필이 되었어요 —133

[그림책] 비 오는 날 끄적끄적 —137

[미술] 나만의 로고 디자인하기 —141

[자연물] 공벌레가 그린 그림 —145

[환경 인쇄물] 상상으로 바꾸는 제목 —149

[유-초 이음교육] 초등학교 1학년 교실 속 수업 이야기 —153

3. 수리력 쑥! 유아 놀이

1) 수와 수량

[음악-신체] 손가락 과자 냠냠 —157

[그림책] 숫자로 만든 이야기 —161

[디지털] 몸으로 말해요. 1, 2, 3 —165

[자연물] 솔방울 숫자 마을 —169

[환경 인쇄물] 비밀 금고를 열어라 —173

[유-초 이음교육] 초등학교 1학년 교실 속 수업 이야기 —177

2) 공간·위치·방향

[음악-신체] 방향 따라 달리기 —179
[그림책] 왼쪽, 오른쪽 —183
[디지털] 우리 원에 가는 길 —187
[미술] 색깔 발자국 댄스 —191
[환경 인쇄물] 비상탈출! 안전 길 찾기 게임 —195
[유-초 이음교육] 초등학교 1학년 교실 속 수업 이야기 —199

3) 도형

[음악-신체] 나는 모양 지휘자 —201
[그림책] 무엇이 될까요? —205
[디지털] 모양 숨바꼭질을 부탁해 —209
[미술] 점, 선, 면으로 만드는 아름다움 —213
[자연물] 모양을 담은 팔레트 —217
[유-초 이음교육] 초등학교 1학년 교실 속 수업 이야기 —221

4) 기초적인 측정

[음악-신체] 유리 컵 속 소리 마법 —223
[그림책] 누가 더 무거울까? —227
[미술] 세상에서 가장 긴 뱀 —231
[자연물] 그림자 키재기 —235
[환경 인쇄물] 꿀꺽꿀꺽! 얼마나 마셨을까? —239
[유-초 이음교육] 초등학교 1학년 교실 속 수업 이야기 —243

5) 규칙성

[음악-신체] 손뼉 치고 발 굴러요 —245

[디지털] 타타타 패턴 행진곡 —249

[미술] 알록달록 목걸이 디자이너 —253

[자연물] 꽃 만다라 —257

[환경 인쇄물] 매일 매일 특별한 우리만의 달력 —261

[유-초 이음교육] 초등학교 1학년 교실 속 수업 이야기 —265

6) 자료수집과 결과

[그림책] 나는 정리 왕 —267

[디지털] 냠냠펑의 선택은? —271

[미술] 나만의 콜라주! 재료를 모아라 —275

[자연물] 자연의 색을 찾아서 —279

[환경 인쇄물] 우리 반 캐릭터 왕은 누구? —283

[유-초 이음교육] 초등학교 1학년 교실 속 수업 이야기 —287

참고 문헌 —289

1 문해력과 수리력

유아기 문해력이란?

'문해력'은 사전적 의미로 글을 읽고 쓰며 이해하는 능력입니다. 하지만 유아기에는 정형화된 읽기 및 쓰기 행동을 뜻하는 '관습적 문해' 뿐만 아니라 발달 과정에서 자연스럽게 보이는 문해에 대한 관심과 흥미를 강조하는 '발현적 문해'를 모두 경험하며 성장합니다. 유아들은 놀이와 일상생활 속에서 말과 글을 자연스럽게 익혀가고, 생각을 넓히고 표현하는 힘을 키워가며, 세상과 소통하는 힘을 길러갑니다. 유아기에 길러지는 문해력은 유아의 전인적 발달에 깊이 연결되어 있으며, 다양한 측면에서 중요한 교육적 의미를 지닙니다.

첫째, 문해력은 유아가 자신의 생각과 감정을 표현하고 타인을 이해하는 능력의 기반이 됩니다. 말과 글을 통한 상호작용은 의사소통의 기초를 마련해 줍니다.

둘째, 문해력은 유아의 사회·정서·인지 발달과도 깊이 연결되어 있습니다. 유아는 놀이 속 언어발달 과정에서 공감 능력과 자기 조절력, 창의적 사고를 함께 키워갑니다.

셋째, 문해력은 유아가 삶 속에서 의미를 찾고 세상을 이해하는 바탕이 됩니다. 일상에서 언어를 주고받고, 상황을 말로 설명하고 해석하면서 유아는 주변 세계와 더 깊이 연결됩니다.

넷째, 문해력은 초등학교 이후의 언어 학습은 물론 모든 교과 학습의 기초가 됩니다. 특히 이 시기에는 평생의 문해력을 결정적으로 길러주기 때문에 이후 학업 성공의 중요한 토대가 됩니다.

유아기의 기초문해력은 음운론적 인식, 이야기 이해력, 어휘력, 소근육 운동, 기초 읽기, 기초 쓰기의 6대 요소로 구성됩니다. 이러한 요소들은 문해력 향상을 위해 분절되지 않고, 놀이 속에서 통합적으로 경험될 수 있도록 제공하는 것이 중요합니다.

유아기 기초문해력 6대 요소

구분	내 용
음운론적 인식	소리를 듣고 구별하며 글자와 소리의 관계를 이해하는 능력입니다.
이야기 이해력	듣거나 읽은 이야기를 기억하고 흐름을 파악하며, 중심 내용을 이해하는 능력입니다. 유아는 점차 이야기의 구조와 표현 방식을 익히게 됩니다.
어휘력	유아가 알고 사용하는 말의 양과 질을 말합니다. 상황 속에서 의미 있게 사용하는 말이 많아지며 사고력도 함께 발달하게 됩니다.
소근육 운동	손가락을 조절하고 눈과 손을 협응하는 능력입니다. 이는 기초 쓰기의 준비 단계로 자연스럽게 이어집니다.
기초 읽기	상황과 맥락에 의해 읽어내는 초보적인 읽기 능력을 의미합니다. 유아의 읽기 능력은 점차 발달하며 한 글자씩 짚어 읽는 것과 같은 관습적 읽기로 나아가게 됩니다.
기초 쓰기	낙서나 끼적임부터 보고 쓰기, 겹쳐 쓰기와 같은 관습적 글자 쓰기 이전의 초보적인 쓰기 단계입니다.

2019 개정 누리과정 '의사소통' 영역에서는 '일상생활에 필요한 의사소통 능력과 상상력을 기른다.'를 목표로 제시하고 있습니다. '의사소통' 영역은 기초문해력의 요소들과 연결성을 가지고 있으며, 유아의 놀이와 일상 경험에서 유기적으로 발달할 수 있도록 제시하고 있습니다.

그렇지만 문해력은 '의사소통' 영역에서만 기르는 것이 아니라 놀이에 따라 다른 영역과 통합하여 다루었을 때, 더 효과적이고 유아들에게 다양한 놀이 활동을 지원해 줄 수 있습니다.

2019 개정 누리과정 '의사소통' 영역

내용 범주	내용
듣기와 말하기	말이나 이야기를 관심 있게 듣는다. 자신의 경험, 느낌, 생각을 말한다. 상황에 적절한 단어를 사용하여 말한다. 상대방이 하는 이야기를 듣고 관련해서 말한다. 바른 태도로 듣고 말한다. 고운 말을 사용한다.
읽기와 쓰기에 관심 가지기	말과 글의 관계에 관심을 가진다. 주변의 상징, 글자 등의 읽기에 관심을 가진다. 자신의 생각을 글자와 비슷한 형태로 표현한다.
책과 이야기 즐기기	책에 관심을 가지고 상상하기를 즐긴다. 동화, 동시에서 말의 재미를 느낀다. 말놀이와 이야기 짓기를 즐긴다.

유아가 놀이 속에서 말과 글을 자발적으로 사용하고 탐색하는 경험을 통해 유아의 문해력은 자라납니다. 교사는 유아의 말과 쓰기를 표현의 의미로 바라보며, 유아가 자신의 언어를 자신 있게 펼칠 수 있도록 격려하고 지지해야 합니다. 또한 유아는 가정에서 그림책을 읽고, 하루 동안의 이야기를 나누는 것과 같은 경험을 통해 자연스럽게 문해력을 확장 시켜 나갑니다. 일상 속 경험은 문해 발달의 중요한 바탕이 되며, 기관과 가정이 함께 연결될 때 문해력 교육은 더욱 깊이 있고 풍성하게 이루어질 수 있습니다.

문해력은 유아가 다른 사람과 의미 있게 소통하는 능력을 길러줍니다. 유아는 다양한 문해력 놀이를 통해 사고를 확장하고 표현하는 힘을 길러나가게 될 것입니다.

유아기 수리력이란?

유아기 수리력은 숫자 개념을 이해하고 숫자를 이용해 계산하고 사고 할 수 있으며 이를 바탕으로 수학을 일상생활에 적용하는 능력을 말합니다. 수를 세고 비교하며, 도형을 분류하고, 공간을 인식하는 등의 실제적 경험을 통해 유아들의 수리력은 점차 자라납니다. 이렇게 자라난 수리력은 수학적 문제 해결을 위한 수단이 되며, 전인 발달을 위한 중요한 교육적 의미를 지닙니다.

첫째, 수리력은 단순히 숫자를 세거나 인식하는 것을 넘어, 아동의 전반적인 인지 발달에 중요한 기초가 됩니다. 유아는 일상에서 수를 비교하고 분류하며, 물체를 나열하거나 순서를 매기는 활동을 통해 수학적 개념 형성 능력과 논리적 사고의 기초를 다져 나갑니다.

둘째, 수리력은 유아의 사회적 상호작용과 자기 주도적 학습 태도를 발달시키는 데 중요한 역할을 합니다. 또래와의 협동 놀이 속에서 규칙을 이해하고 문제를 함께 해결해 보는 경험을 통해 사회성과 문제 해결 능력을 키워갑니다.

셋째, 수리력은 일상생활 속 문제 상황을 인식하고 해결하는 데 필요한 사고력을 기릅니다. 유아는 수리적 사고를 바탕으로 주변 현상을 분석하고, 적절한 판단과 결정을 내리며, 생활 속에서 논리적이고 합리적으로 사고하는 힘을 키우게 됩니다.

넷째, 수리력은 두뇌 발달과 이후 학문적 성취의 기반이 됩니다. 유아기의 수리 경험은 전두엽과 후두엽을 자극하여 정보 처리와 실행 기능을 강화하고, 이러한 인지적 기반은 초등학교 수학뿐 아니라 과학, 정보, 기술 등 다른 교과 학습으로도 원활하게 이어지는 토대가 됩니다.

유아기 수리력의 구성 요소를 ACER(호주 교육연구위원회)에서는 수 감각, 패턴 인식, 문제 해결, 측정 개념, 공간 및 기하 개념으로 제시하고 있으며, David Braeuning 외 (2020)는 수 개념, 패턴 인식 및 도형 관련 능력, 연산 능력, 자료 해석 및 기초 통계 능력을 포함하고 있습니다. 이는 유아기 수리력의 다차원적 구성을 강조하며, 단순 수 세기에서 확장된 수리 능력까지 포괄하고 있다는 점을 의미합니다.

이 책에서는 해외 연구에서 제시한 유아기 수리력의 요소와 누리과정 '자연탐구'의 영역의 '생활 속에서 탐구하기' 내용에 기반하여 다음과 같이 여섯 가지 수리력 요소(수와 수량, 공간·위치·방향, 도형, 기초적인 측정, 규칙성, 자료수집과 결과)를 제시하였습니다. 그렇지만 수리력은 '자연탐구' 영역에서만 기르는 것이 아니라 놀이에 따라 다른 영역과 통합하여 다루었을 때, 더 효과적이고 유아들에게 다양한 놀이 활동을 지원해 줄 수 있습니다.

유아기 수리력 6대 요소

구분	내용
수와 수량	수에 관심을 가지고 수량을 세며, 많고 적음을 비교하거나 변화 양상을 파악합니다.
공간·위치·방향	유아 자신의 위치를 기준으로 물체의 위치와 방향을 인식합니다.
도형	주변에서 다양한 도형을 관찰하고, 형태의 공통점과 차이점을 이해합니다.
기초적인 측정	길이, 무게, 시간, 양 등을 비교하고 순서를 매기며 측정 개념을 익힙니다.
규칙성	사물이나 현상의 반복적인 배열을 인식하고, 다음 순서를 예측합니다.
자료수집과 결과	유아의 흥미에 따라 자료를 모으고, 기준에 따라 분류하며 조직하는 능력을 기릅니다.

2019 개정 누리과정 '자연탐구' 영역

내용 범주	내용
탐구과정 즐기기	주변 세계와 자연에 대해 지속적으로 호기심을 가진다. 궁금한 것을 탐구하는 과정에 즐겁게 참여한다. 탐구과정에서 서로 다른 생각에 관심을 가진다.
생활 속에서 탐구하기	물체의 특성과 변화를 여러 가지 방법으로 탐색한다. 물체를 세어 수량을 알아본다. 물체의 위치와 방향, 모양을 알고 구별한다. 일상에서 길이, 무게 등의 속성을 비교한다. 주변에서 반복되는 규칙을 찾는다. 일상에서 모은 자료를 기준에 따라 분류한다. 도구와 기계에 대해 관심을 가진다.
자연과 더불어 살기	주변의 동식물에 관심을 가진다. 생명과 자연환경을 소중히 여긴다. 날씨와 계절의 변화를 생활과 관련짓는다.

수리력은 단지 학교 수학을 준비하는 선행 학습의 수단이 아닙니다. 그것은 유아가 세상을 구조화하고 해석하는 사고의 도구이며, 수학에 대한 흥미와 자신감을 기르는 정서적·인지적 기반입니다. 유아기 수리력을 효과적으로 키우기 위해서는 유아의 발달에 적합한 놀이 중심 교육이 필요합니다. 자유롭고 자발적인 놀이 환경 속에서 일상과 연결된 수학적 경험을 제공하고, 유아가 구체물을 직접 조작하며 스스로 주변 세계를 학습할 기회를 마련해 주어야 합니다. 또한, 가정에서도 유아가 놀이 속에서 자유롭게 탐색하고, 실험하는 과정을 즐길 수 있도록 수학적 호기심을 존중하며, 정답보다는 과정 중심의 사고와 발견의 즐거움을 경험할 수 있도록 격려해야 합니다. 이러한 경험은 유아가 수학을 '재미있는 놀이'로 받아들이게 하며, 자연스럽고 긍정적인 학습 태도 형성으로 이어집니다.

유아기 수리력은 유아가 생활 주변을 탐구하고, 놀이를 통해 수학적 개념을 찾아갈 때 현재 삶 속에서 의미 있게 작동하고, 앞으로의 학습과 성장으로 자연스럽게 이어질 것입니다.

2
문해력 쑥!
유아 놀이

음운론적 인식	이야기 이해력	어휘력	소근육 운동	기초 읽기	기초 쓰기

[음악-신체]
하나! 둘! 셋! 단어 챌린지

신체운동·건강	의사소통	사회관계	예술경험	자연탐구

⭐ 놀이 소개

유아들과 1~5음절 단어를 찾아보고 타악기 리듬에 맞춰 글자를 말해보는 활동이에요. 우드블록의 4박 연주에 맞춰 친구와 단어 말하기 놀이를 하다 보면 유아들의 음운인식 능력을 높일 수 있어요.

⭐ 놀이 자료

우드블록(타악기), '이 글자들은 어떤 차이가 있을까?' PPT 자료, 그림 카드

⭐ 놀이 방법

1. 유아들에게 글자 수(음절)를 소개해요.
2. 유아들과 함께 그림 카드를 보며 1~5음절의 단어를 찾아봐요.
3. 하나! 둘! 셋! 단어 챌린지 놀이를 소개해요.
   - 2명의 유아가 가위, 바위, 보로 순서를 정해요.
   - 교사가 우드블록으로 4박자를 연주하고 마지막 4박에 유아가 단어를 말해요.
4. 친구들과 함께 '단어 챌린지' 놀이를 해봐요.

⭐ **문해력을 높이는 아이들의 톡톡톡**

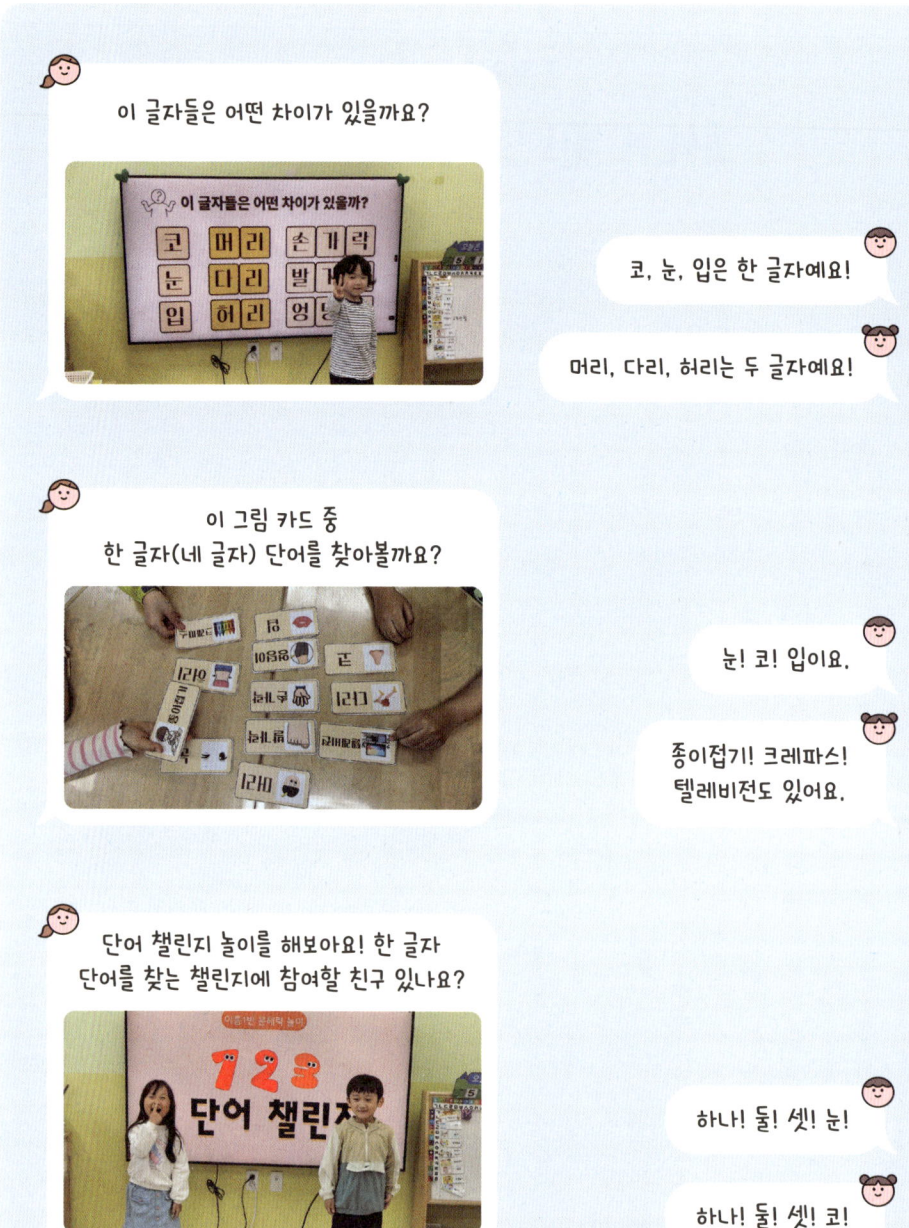

> 놀이 TIP
>
> - 어린 유아의 경우 교사가 말하는 글자 수만큼 손뼉치기 해요. (예 : 사과! 손뼉 2번)
> - '음절'이라는 말이 어렵다면 '글자 수'로 소개할 수 있어요. 하지만 '음절'은 음운의 단위이고, '글자'는 문자의 단위이기 때문에 개념을 이해하게 되었다면 '음절'이라는 이름으로 사용해요.

⭐ 문해력 놀이 확장하기

- 유아들과 1~5음절 단어 책을 만들어 보아요. 연령에 따라 그림과 글로 표현된 스티커를 제공하거나 유아가 보고 따라 쓸 수 있도록 그림 카드를 준비해요.
- 교사가 "고양이!"라고 3음절로 말하면 유아들은 개구리가 되어서 3번 점프를 해요. 출발점과 도착점을 정해서 게임으로 진행할 수 있어요.

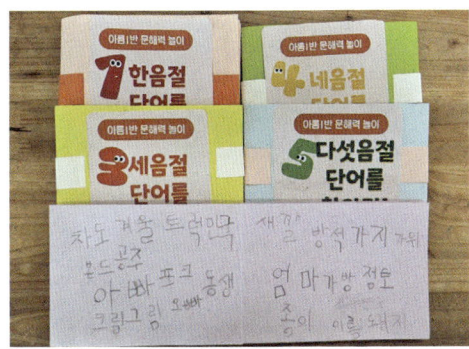

음절 단어 책

말소리 개구리 점프

⭐ **가정에서도 할 수 있는 일상 속 문해력 놀이**

음절 스티커 붙이기

우리 집 물건에 음절 수 만큼 스티커 붙이기

우리 집에 있는 물건의 이름은
몇 음절일까요?
찾아서 음절 수 만큼
숫자 스티커를 붙여주세요!

준비물
✅ 숫자 스티커

놀이 방법
① 집에 있는 다양한 물건들을 살펴보며 몇 음절 인지 가족과 이야기를 나눠요.
예) 냉장고-3음절
② 가족과 팀을 나누어 음절 스티커 붙이기 놀이를 해요.
③ 내가 가진 음절 스티커를 물건에 모두 먼저 붙인 가족을 축하해 줘요.

이렇게 했어요!

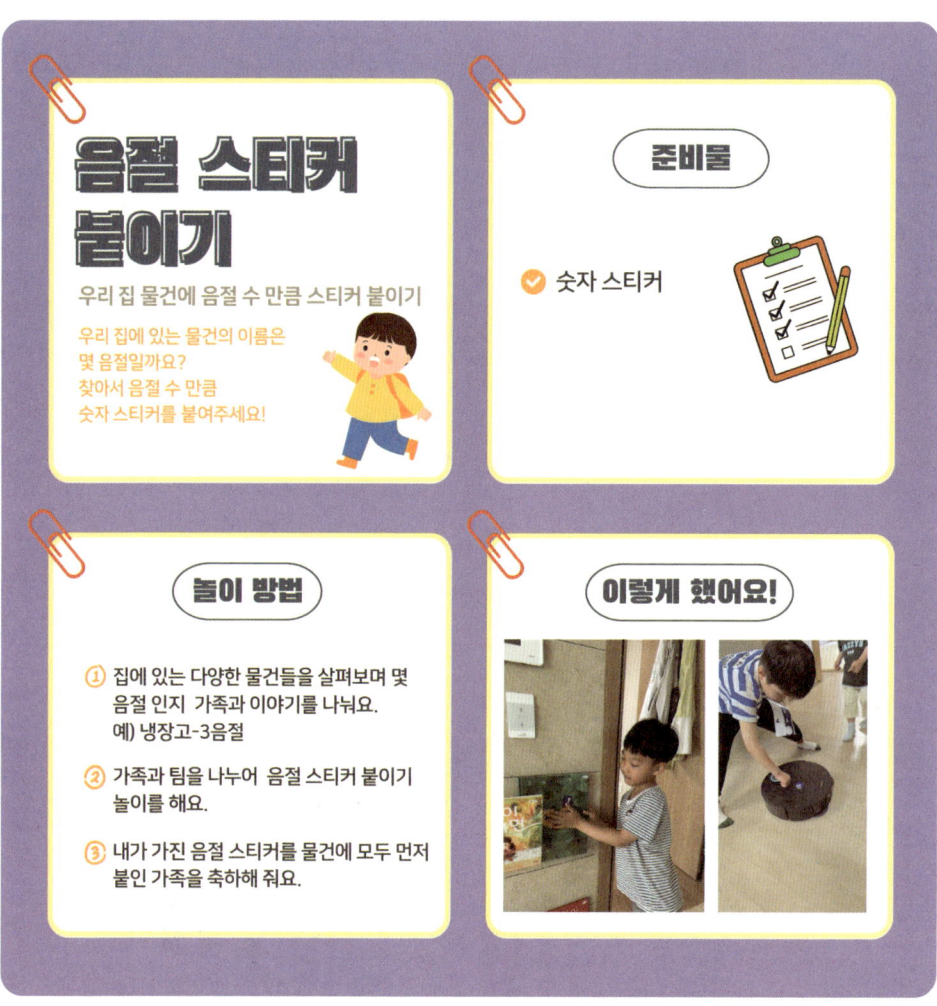

| 음운론적 인식 | 이야기 이해력 | 어휘력 | 소근육 운동 | 기초 읽기 | 기초 쓰기 |

[그림책] 어떤 소리가 나올까?

| 신체운동·건강 | 의사소통 | 사회관계 | 예술경험 | 자연탐구 |

⭐ **놀이 소개**

그림책 [입에서 톡!]은 옹알이가 자음으로 변신하여 여러 가지 소리와 연결하여 표현된 그림책이에요. 유아들이 자음과 그림을 보며 어떤 소리가 날지 함께 상상해보며 자음 소리를 익힐 수 있어요. 자음에서 나는 소리를 다양한 단어와 연결하여 표현 할 수 있어요.

⭐ **놀이 자료**

그림책 [입에서 톡!] (유은미 글·그림, 상상아이) 포스트 잇, 자음 블럭

⭐ **놀이 방법**

1. 자음의 소리를 강조하면서 그림책을 함께 읽어 봐요.
2. 그림책에 나오는 자음과 그림을 보며 어떤 소리가 날지 이야기 나눠요.
3. 유아들이 말한 소리를 포스트잇에 적어서 붙여줘요.
4. 책에 나오는 소리를 교사가 말하면 그 소리가 나는 자음 블럭을 찾아봐요.

⭐ 문해력을 높이는 아이들의 톡톡톡

개구리 콧구멍에 손이 나와서 코가 막혀 캐캐객 소리를 내는데 또 어떤 소리가 날까요?

칵칵칵칵 숨 넘어가요.

코피가 나온 것 같아요.

'딱딱'이라고 이야기했는데, ㄷ에서 나는 소리일까요? 어떤 자음에서 나오는 소리일까요?

닥닥 소리가 나요.

쌍디귿에서 나는 소리예요.

'둥당둥당' 소리가 나는 자음은 무엇일까요?

디귿이에요.

드드드드 소리가 나요.

> **놀이 TIP**
>
> - 한 번의 놀이로 끝나는 것이 아니라 유아들이 말한 소리를 그림책에 붙여놓고 계속해서 보면서 읽을 수 있도록 해요.
> - 도서 영역에 책을 두고 자유롭게 읽으면서 떠오르는 새로운 단어를 붙이며 자음을 익힐 수 있도록 자료를 지원해요.

⭐ 문해력 놀이 확장하기

- 자신의 웃음소리를 내며 표정을 지으면 교사가 사진을 찍어 주어 자신의 웃음소리를 교사와 함께 글자로 나타내 봐요.
- 유아들이 읽을 수 있는 친구 이름 글자에서 같은 소리가 나는 친구 이름을 모아 봐요.

자음으로 찾는 웃음소리

같은 소리가 나는 친구 이름 찾기

⭐ **가정에서도 할 수 있는 일상 속 문해력 놀이**

| 음운론적 인식 | 이야기 이해력 | 어휘력 | 소근육 운동 | 기초 읽기 | 기초 쓰기 |

[디지털]
봄과 함께 ㄱ ㄴ ㄷ

| 신체운동·건강 | 의사소통 | 사회관계 | 예술경험 | 자연탐구 |

⭐ 놀이 소개

동시 '봄의 소리'를 감상한 후, 웹 기반 디지털 도구 '네이버 돌림판'을 활용하여 자음과 모음을 무작위로 뽑아 의성어·의태어의 첫소리를 바꿔보는 활동이에요. 자음과 모음에 따라 달라지는 소리의 차이를 경험하며 자연스럽게 음운 인식 능력을 키울 수 있어요.

⭐ 놀이 자료

동시판 '봄의 소리(지은이 이남경)', 웹 기반 디지털 도구 '네이버 돌림판', 녹음된 동시 자료, 태블릿 PC

⭐ 놀이 방법

1. 봄에는 어떤 소리가 날지 상상해 봐요.
2. 동시 속에 나오는 의성어, 의태어에 대해 알아봐요.
3. 웹 기반 디지털 도구인 '네이버 돌림판'을 활용하여 자음 혹은 모음을 뽑아요.
4. 뽑은 자음이나 모음을 동시 속 의성어·의태어의 첫소리에 바꿔 말해요.

문해력을 높이는 아이들의 톡톡톡

봄에는 어떤 소리가 날 것 같아요?

 새싹이 '쏘옥' 나오는 소리요.

 개구리가 '개굴개굴' 우는 소리요.

'봄의 소리' 동시를 들어보니 어땠나요?

 톡톡 뭐가 터지는 것 같아요.

 '포로롱 포포롱?' 꼭 요정이 나오는 소리 같아요!

돌림판에서 뽑은 자음을 넣어 동시 속 '쏘옥'을 다른 소리로 바꿔볼까요?

 'ㅆ'을 'ㅃ'으로 바꿔야 해요.

 'ㅃ'은 쁘? 그럼 '뽀옥'인가봐!

> **놀이 TIP**
>
> - 우리 주변에서 들을 수 있는 의성어·의태어를 활용하여 소리와 글자에 관심을 가질 수 있도록 상호작용해요.
> - 처음에는 '자음'을 바꿔보고, 익숙해지면 '모음', 그 이후 '자음'과 '모음'을 함께 바꿔보며 확장할 수 있어요.

⭐ **문해력 놀이 확장하기**

- 디지털 한글 블록 교구를 활용하여 동시 속 의성어·의태어를 표현해 보아요. 자음과 모음을 재조합하여 나만의 의성어·의태어를 만들어 볼 수 있어요.
- 동시 '봄의 소리'를 '봄의 동물 소리'로 개사하여 디지털 한글 블록교구로 표현을 해봐요. "윙윙, 무슨소리? 벌이 날아다니는 소리!" 등으로 바꾸어 소리를 들어 봐요.

내가 만드는 'ㄱㄴㄷ'

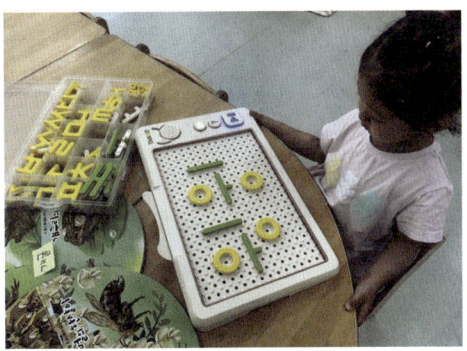

봄의 동물 소리 'ㄱㄴㄷ'

★ 가정에서도 할 수 있는 일상 속 문해력 놀이

네이버 돌림판

룰렛 게임, 네이버 돌림판을 소개해요.

네이버 돌림판이란?

- 포털사이트 '네이버'에서 운영하는 돌림판 프로그램
- 추첨, 순서 정하기, 이름 바꾸기 등의 상황에서 공정하고 재미있게 활동할 수 있어요.

준비물

- 네이버 돌림판 프로그램
- 태블릿 pc 혹은 컴퓨터와 같은 실행가능한 기기

활용 방법

① '네이버 돌림판'에 접속해 한글 자음을 입력한 뒤, 룰렛 설정을 완료해요.
② [원판 돌리기]를 클릭하여 랜덤의 한글 자음을 뽑아요.
③ 일상의 모든 단어를 말할 때, 첫소리를 모두 뽑힌 자음으로 바꿔 말해요.
④ 익숙해지면 '모음' 바꿔 말하기도 해볼 수 있어요.

| 음운론적 인식 | 이야기 이해력 | 어휘력 | 소근육 운동 | 기초 읽기 | 기초 쓰기 |

[자연물]
자연 속 한글 스텐실 카드

| 신체운동·건강 | 의사소통 | 사회관계 | 예술경험 | 자연탐구 |

⭐ **놀이 소개**

한글 스텐실 카드를 활용하여 자연에서 말소리의 구조를 찾아보며, 글자에 관심을 가지는 활동이에요. 유아들이 자연에서 찾을 수 있는 단어들의 소리를 바탕으로 글자와 연결하며 놀이할 수 있어요.

⭐ **놀이 자료**

한글 스텐실 자음 카드(ㄱ, ㄴ, ㄷ, ㄹ, ㅁ, ㅂ, ㅅ, ㅇ, ㅈ, ㅊ, ㅌ, ㅋ, ㅍ, ㅎ)

⭐ **놀이 방법**

1. 한글 스텐실 카드를 보며, 자음의 소리에 대해 알아봐요.
2. 한글 스텐실 카드를 한 장씩 나눠 갖고, 자연에서 같은 소리를 내는 물건을 찾아봐요.
3. ㄱ은 거미, ㄴ은 나무, ㄷ은 돌과 같은 자연에 숨겨진 글자 소리를 친구들과 찾아봐요.
4. 내가 찾은 자연물을 친구에게 소개해 줘요.

⭐ **문해력을 높이는 아이들의 톡톡톡**

하늘에서는 어떤 말소리가 날까요?

흐흐흐 '하'에서는 'ㅎ' 소리가 나요.

느느느 '늘'에서는 'ㄴ' 소리가 나요. 나비랑 같은 소리예요.

그렇구나! 자연에서 'ㄴ' 소리가 나는 말소리를 같이 찾아볼까요?

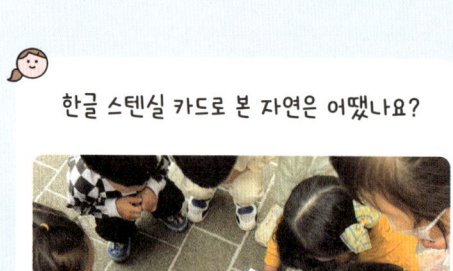

내 이름에도 'ㄴ'이 있어요!

'나무'에는 'ㄴ'과 'ㅁ'이 같이 있어요.

한글 스텐실 카드로 본 자연은 어땠나요?

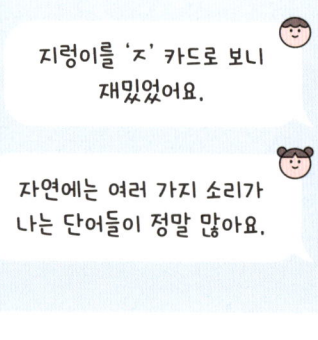

지렁이를 'ㅈ' 카드로 보니 재밌었어요.

자연에는 여러 가지 소리가 나는 단어들이 정말 많아요.

놀이 TIP

- 교사와 함께 자연물 그림 카드를 이용하여, 자음의 소리에 대해 먼저 알아봐요.
- 자연에서 비슷한 소리가 나는 첫소리 단어를 생각해 봐요.
- 첫소리 글자가 익숙해지면, 마지막 소리의 스텐실 카드를 찾아봐요.

⭐ 문해력 놀이 확장하기

- 친구들과 함께 같은 소리가 나는 자연의 단어들을 모아 기차를 만들어요. ㄱ 기차에는 개미-거미-개나리-가을 등 ㄱ 소리가 나는 글자들이 탈 수 있어요.
- 사방치기 판에 ㄱ, ㄴ, ㄷ, ㄹ, ㅁ, ㅂ, ㅅ, ㅇ을 그리고, 순서대로 원하는 글자에 돌을 던져 사방치기 놀이를 해요. 도착하면 해당하는 자연물을 말하고, 땅을 차지해요.

'ㄱ' 소리 자연물 기차

ㄱㄴㄷ 사방치기

★ 가정에서도 할 수 있는 일상 속 문해력 놀이

우리집 물건 한글 스텐실

내가 발견한 우리집 물건들

집에 있는 물건의 이름으로 시작되는 자음을 찾아봐요!

준비물

✓ 한글 스텐실 카드

놀이 방법

① 우리 집 물건들의 이름을 말해 봐요.
② 물건에 해당하는 첫소리 자음을 한글 스텐실 카드에서 찾아봐요.
③ 이름에 해당하는 한글 스텐실 카드를 모두 찾아봐요.
④ 우리 집 물건에 가장 많이 들어가는 자음 소리는 무엇인지 알아봐요.

이렇게 했어요!

| 음운론적 인식 | 이야기 이해력 | 어휘력 | 소근육 운동 | 기초 읽기 | 기초 쓰기 |

[환경 인쇄물]
음식 가족의 맛있는 노래

| 신체운동·건강 | 의사소통 | 사회관계 | 예술경험 | 자연탐구 |

⭐ 놀이 소개

유아교육 기관에서 쉽게 접할 수 있는 식단표를 살펴보며, 음식과 관련된 단어의 끝소리를 구별하고 공통점을 발견하는 활동이에요. 같은 소리가 들어있는 단어들을 모아 새로운 노랫말에 활용하면서 소리 구조를 조작해 봐요.

⭐ 놀이 자료

급식 식단표, 가위, 풀, 종이

⭐ 놀이 방법

1. 식단표를 살펴보고, 같은 글자로 끝나는 음식을 찾아봐요.
2. 같은 끝소리를 가진 음식 단어들을 식단표에서 잘라 종이에 붙여 한 가족(묶음)으로 모아보면서 맛과 느낌에 관해 이야기 나눠요.
3. 모든 단어를 활용해 '곰 세 마리' 동요에 맞게 새로운 노랫말을 만들어봐요.
4. 친구들과 함께 만든 노래를 부르며 소리와 글자의 관계를 익혀요.

⭐ 문해력을 높이는 아이들의 톡톡톡

식단표의 음식 단어의 끝에 있는 글자 중 같은 것들이 있나요?

'밥'은 매일매일 있는 것 아니에요?

소불고기랑 깍두기에 '기'가 있어요!

우리가 발견한 글자들과 같은 글자가 보이나요?

'드'는 똑같은 글자가 안 보여요.

난 글자 모르는데. 아! 여기 똑같이 생긴 거 있다.

○○을 먹으면 어떤 소리가 날까요??

흑보리밥은 오독오독 할 것 같아요!

두루치기는 쫄깃쫄깃해요.

🏷️ **놀이 TIP**

- 유아들이 끝소리를 구별하기 어려워한다면, 끝소리마다 다른 색으로 표시해 줘요.
- 끝소리를 강조할 때 손뼉치기, 발 구르기 등과 같은 동작을 함께 해요.

⭐ 문해력 놀이 확장하기

- 웹사이트 'Suno(https://suno.com)'에 우리가 찾은 끝소리와 그 끝소리로 끝나는 음식들을 넣어 새로운 음악을 만들고 감상해요. (프롬프트 예시: 끝소리가 '밥'으로 끝나는 음식들을 모아 음식들의 맛도 표현해 보았어. '볶음밥'은 '짭짤해',… 라는 가사를 넣어서 유아에게 적합한 밝고 귀여운 노래를 만들어줘.)
- 식단표의 음식들을 카드로 만들어 끝소리, 첫소리, 같은 글자가 들어있는 경우 등 다양한 조건에 따라 분류하는 게임을 해요.

AI가 만들어 준 음식 노래

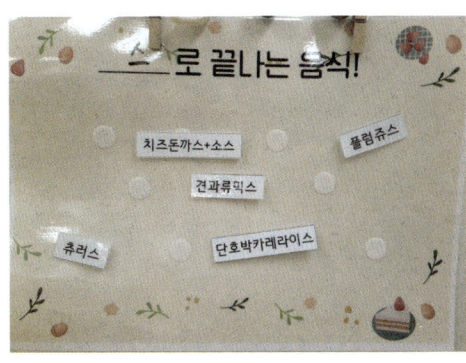

음식 이름 모으기 게임

⭐ **가정에서도 할 수 있는 일상 속 문해력 놀이**

끝소리를 찾아서

내가 발견한 같은 끝소리의 음식들

우리 주변에서 같은 끝소리로 끝나는 것들을 찾아봐요!

준비물
- 주변을 살펴보는 관찰력!
- 카메라(기록용도)

놀이 방법
1. '빵', '침', '이' 등 주변에서 쉽게 찾을 수 있는 음식의 끝소리를 선정해요.
2. 냉장고 속, 카페 나들이, 동네 산책 등 다양한 상황에서 끝소리를 찾아요.
3. 카메라로 찍어 친구들과 공유하거나 기록해요.

이렇게 했어요!

[유-초 이음교육]
초등학교 1학년 교실 속 수업 이야기

다양한 놀이로 음운을 인식하고 구별해요.

 1학년 학생들이 모음자, 자음자를 배우기에 앞서 [한글 놀이] 단원에서 음운을 인식하고 변별할 수 있도록 지도합니다. 음운을 인식하고 변별할 수 있는 능력을 잘 갖추면 이후에 자음과 모음자 소리를 듣고 소리를 분해하거나 결합하는 능력이 향상될 수 있습니다. 교과서에 제시된 대표적인 활동에는 글자 수가 같은 낱말 찾기, 같은 소리로 시작하는 낱말 찾기 등의 활동이 포함되어 있습니다.

소리마디 구분하기

같은 소리로 시작하는 낱말 찾기

소리마디 수가 같은 낱말 찾기 활동은 글자가 몇 개의 소리마디로 되어 있는지 알아보는 활동입니다. 이때 손뼉을 이용해 학생들에게 소리마디 수를 찾도록 합니다. 또 다른 활동으로는 같은 소리로 시작하는 낱말을 찾는 활동이 있습니다. 이를 통해 같은 소리와 다른 소리를 변별할 수 있도록 지도합니다.

이외에 음운 인식의 활동에는 다음과 같은 활동들이 있습니다.

[음운 인식 활동 예시]

활동 이름	활동 설명
다른 소리 찾기	여러 가지 낱말을 제시해 준 후 다른 소리로 시작하는 낱말 찾기 예) 가위, 가지, 나비 중 다른 소리로 시작하는 낱말은 무엇일까요?
음운 숫자 세기	'산'은 소리가 몇 개일까요? (음절 단위는 하나, 음소 단위는 셋)
소리 합치기	각각의 소리를 들려 준 후 합쳤을 때 어떤 낱말이 되는지 찾기 예) '강', '아', '지' 각각의 소리를 합치면 어떤 소리가 될까?
음운 분절	'강아지'를 작은 소리로 나누면 어떤 소리가 포함되어 있는지 찾아보기
음운 탈락	예) '하늘'에서 '하' 소리를 빼면 무슨 소리가 남을까요?

| 음운론적 인식 | **이야기 이해력** | 어휘력 | 소근육 운동 | 기초 읽기 | 기초 쓰기 |

[음악-신체]
길로 길로 가다가

| 신체운동·건강 | 의사소통 | **사회관계** | **예술경험** | 자연탐구 |

⭐ 놀이 소개
학기 초 친구들과 다양한 방법으로 인사하며 친해질 수 있는 놀이 활동이에요. 노랫말을 듣고 의미를 이해하며 알맞은 동작으로 표현해 보는 과정을 통해 노랫말 속 이야기의 흐름을 자연스럽게 익힐 수 있어요.

⭐ 놀이 자료
북, 전래동요 [길로 길로 가다가]

⭐ 놀이 방법
1. 유아들과 둘러앉아 친구와 즐겁게 인사하는 방법에 관해 이야기를 나눠요.
2. 유아들이 이야기한 내용을 전래동요 '길로 길로 가다가' 노래 가사에 담아 노래를 불러 보아요.
3. 노래를 부르며 노랫말에 어울리는 행동으로 인사하는 신체 활동을 해봐요.
   - 노래 가사 : 길로 길로 가다가 친구를 만났네! 어떻게 인사할까? 악수하며 인사하지!
4. 놀이 방법에 익숙해 지면 유아가 북을 연주하고 노래를 부르며 놀이해 봐요.

2. 문해력 쑥! 유아 놀이

⭐ **문해력을 높이는 아이들의 톡톡톡**

친구와 만났을 때 즐겁게
인사하는 방법은 무엇이 있을까요?

악수해요!

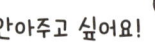
안아주고 싶어요!

손잡고 발바닥 부딪히며 인사하기는
몸으로 어떻게 표현하면 좋을까요?

손을 먼저 잡아요.

발바닥을 만나게 해요.

북소리가 느려지거나(작아질) 빨라질(커질) 때
어떤 발걸음으로 걸으면 좋을까요?

소리 안 나게 천천히 걸어요.

'쿵쾅'거리며 빨리 걸어요.
고릴라처럼요.

> **놀이 TIP**
>
> - 놀이에 익숙해지면 북소리의 빠르기나 소리의 강약에 변화를 주어 놀이해요.
> - 인사 방법은 유아들의 발달 단계에 따라 한 가지 동작으로 시작해서 두 가지 동작으로 확장해서 활동해요. (예: 악수하며 인사→악수하고 윙크하며 인사)

⭐ 문해력 놀이 확장하기

- [길로 길로 가다가] (권정생 글, 한병호 그림, 한울림어린이) 그림책을 보며 다음 장면에 어떤 이야기가 이어질지 예측하며 읽어봐요. (길로 길로 가다가 바늘 하나 주웠네~ 주운 바늘로 무엇을 했을까?)
- 친구가 "숲속에 토끼가 살았습니다"라고 말하면 다음 사람들은 그 이야기에 어울리는 이야기를 계속해서 릴레이로 지어봐요.

다음 장면이 궁금해요

이야기 릴레이

★ 가정에서도 할 수 있는 일상 속 문해력 놀이

이야기 바꿔 말하기

그림책의 또 다른 결말 상상하기

여러분이 꼬마 작가가 된다면 그림책의 결말을 어떻게 바꾸고 싶나요?

준비물
- 그림책
- 종이와 쓰기 도구

놀이 방법
① 가족과 함께 그림책을 읽고 이야기를 나눠요.
"다음엔 어떤 일이 일어 났을까?"
"이야기의 결말이 다르게 끝난다면 너는 어떤 내용으로 꾸미고 싶니?"

② 유아가 이야기 한 내용을 그림과 글로 표현해서 그림책 뒷 장에 끼워 넣어요.

이렇게 했어요!

| 음운론적 인식 | **이야기 이해력** | 어휘력 | 소근육 운동 | 기초 읽기 | 기초 쓰기 |

[그림책]
내가 만든 이야기

| 신체운동·건강 | **의사소통** | 사회관계 | 예술경험 | **자연탐구** |

⭐ 놀이 소개

[코끼리는 어디로 갔을까?]는 글 없는 그림책으로 숲이 점점 도시화 되는 모습을 그림으로만 표현한 그림책이에요. 글 없는 그림책은 유아들이 시각적 자극인 그림을 통해 내용을 추측해서 이야기를 이해하고 만들어 보는 경험을 할 수 있어요. 동물들이 겪는 상황을 이해하고 다양한 어휘를 활용하여 이야기를 지어 서로 나누는 경험을 통해 이야기 이해력을 높일 수 있어요.

⭐ 놀이 자료

그림책 [코끼리는 어디로 갔을까?] (바루 글.그림, 사파리), 코끼리, 앵무새, 뱀 역할 머리띠

⭐ 놀이 방법

1. 그림책을 한 장씩 보며 코끼리, 앵무새, 뱀이 어디에 있는지 찾아봐요.
2. 그림책을 넘기면서 배경이 어떻게 달라지고 있는지 이야기 나눠요. (숲이 점점 사라지고, 건물이 많아지고 있음)
3. 코끼리가 어떻게 되었는지, 코끼리가 처한 상황과 기분을 말로 표현해요.
4. 각 그림에서 동물들이 무엇이라고 이야기했을지 이야기해요.

⭐ **문해력을 높이는 아이들의 톡톡톡**

코끼리는 어디에 있나요?

나무 뒤에 숨어 있어요.

숲속에 있어요.

그림책 배경이 어떻게 변하고 있나요?

나무가 없어지고 있어요.

집, 자동차가 많아졌어요.
집이 점점 높아져요.

앵무새가 뭐라고 이야기 했을까요?

숲이 점점 사라지고 있어. 너무 슬퍼.

우리 같이 도망치자.
동물원을 부수자.

🗨️ **놀이 TIP**

- 유아들이 다양한 어휘를 사용할 수 있도록 교사는 배경, 상황, 주인공의 감정에 대해 자세히 질문해요.
- 점점 나무가 사라지고 건물, 나무가 생기는 배경을 사용하면 유아들이 역할극에 몰입할 수 있어요.

⭐ **문해력 놀이 확장하기**

- 숲에 사는 다른 곤충이나 식물 등 다른 주인공들을 만들어 이야기를 만들어 봐요.
- 그림책의 배경과 주인공 막대 인형을 제공하여 자유롭게 이야기를 지어 인형극을 해볼 수 있어요.

다른 주인공 만들어 이야기 꾸미기

우리가 만든 인형극

⭐ **가정에서도 할 수 있는 일상 속 문해력 놀이**

| 음운론적 인식 | **이야기 이해력** | 어휘력 | 소근육 운동 | 기초 읽기 | 기초 쓰기 |

[디지털]
아기 씨앗의 여행

| 신체운동·건강 | 의사소통 | 사회관계 | 예술경험 | 자연탐구 |

⭐ 놀이 소개

동화 [씨앗 100개가 어디로 갔을까?]를 읽고, 내가 씨앗이 되어 여행을 떠나보는 활동이에요. 동화 속 등장인물이 되어 재구성해 보고 이야기 속 상황과 감정을 상상하고 표현하는 과정을 통해 이야기 이해력이 키워져요.

⭐ 놀이 자료

동화 [씨앗 100개가 어디로 갔을까?] (이자벨 미뇨스 마르틴스 글, 야라코누 그림, 홍연미 옮김, 토토북), 카메라, 크로마키 천, 웹캠, 컴퓨터, 텔레비전, 배경 그림, 태블릿 PC, 크로마키 실행 앱 VITA, 역할놀이 소품

⭐ 놀이 방법

1. 동화 [씨앗 100개가 어디로 갔을까?]를 읽어봐요.
2. 우리 원에 핀 꽃들을 찾아 어디서 왔을지 추측해 봐요.
3. 내가 씨앗이 된다면 어디로 가고 싶은지 함께 이야기를 나누고 태블릿 PC를 활용하여 가고 싶은 가고 싶은 배경을 직접 선택해요.
4. 크로마키 천과 웹캠, 크로마키 실행 앱 등을 활용하여 가고 싶은 여행지로 떠나요.

⭐ 문해력을 높이는 아이들의 톡톡톡

 우리 원에 핀 진달래꽃은 어디서 왔을까요?

 꽃집에서 온 것 같아요.

우리 아파트에서 온 것 같아요.
우리 집 앞에 진달래꽃 엄청 많아요.

 동화 속 이야기처럼 우리가 씨앗이 된다면 여행을 간다면 어디로 가고 싶나요?

 저는 키즈 카페에 가고 싶어요.

 저는 하늘을 날고 싶어요.
독수리보다 더 높이요.

씨앗이 되어 여행을 떠나보니 어땠나요?

 궁금했던 도깨비나라까지
갈 수 있어서 좋았어요.

 다음에는 땅속 깊숙이 들어가면
좋을 것 같아요.

놀이 TIP

- '여행을 떠난 아기씨의 마음이 어땠을지' 함께 이야기하며 인물의 생각과 감정을 살펴보도록 지원해요.
- 강풍기 등 여행 장소의 특성에 맞는 소품을 함께 제공하여 몰입감 있게 활동할 수 있도록 지원해요.

⭐ **문해력 놀이 확장하기**

- 아기 씨앗이 되어 여행한 느낌을 인터뷰 해요. 다음엔 어디에 가고 싶은지, 누구랑 가고 싶은지 이야기하며 아기 씨앗의 마음을 상상해 봐요.
- 웹 기반 디지털 도구 '애니메이티드 드로잉(http://sketch.metademolab.com)'을 사용해서 아기 씨앗을 그려본 후 움직이는 아기 씨앗을 표현해요.

아기 씨앗의 인터뷰

움직이는 아기 씨앗

★ 가정에서도 할 수 있는 일상 속 문해력 놀이

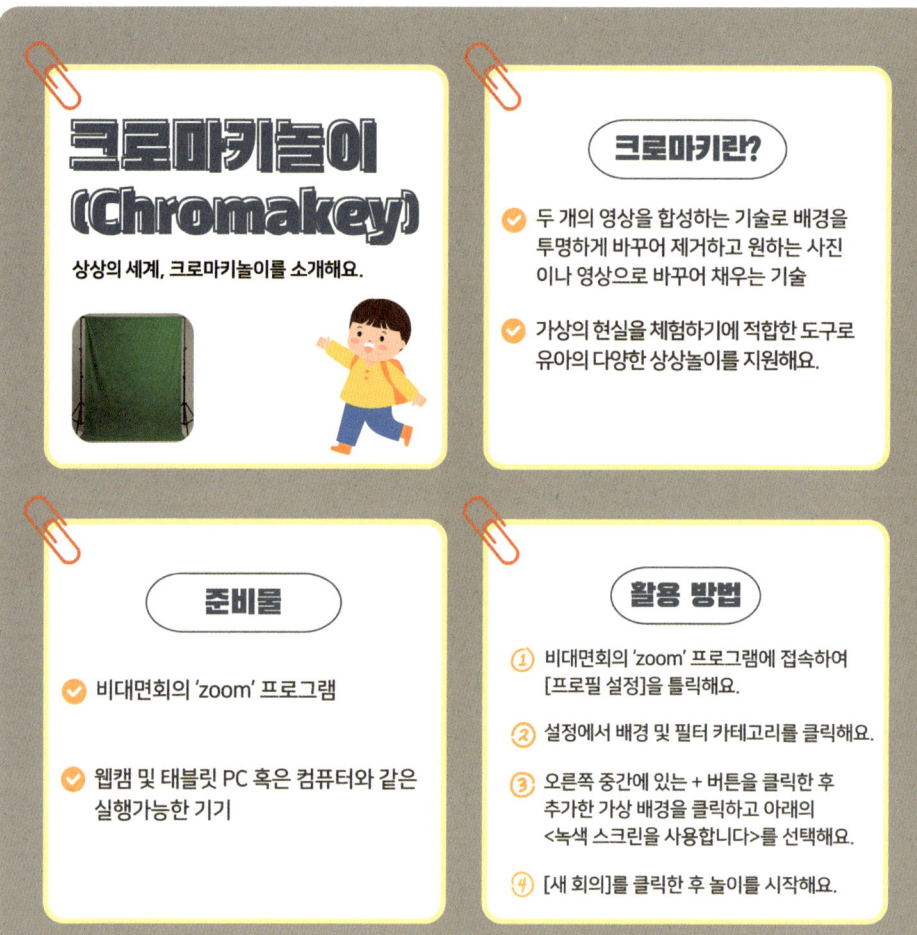

| 음운론적 인식 | **이야기 이해력** | 어휘력 | 소근육 운동 | 기초 읽기 | 기초 쓰기 |

[미술]
이야기가 살아있는 미술관 놀이

| 신체운동·건강 | **의사소통** | 사회관계 | **예술경험** | 자연탐구 |

⭐ 놀이 소개

유아들이 직접 그린 미술 작품을 전시하여 친구들을 초대하고 작품 속 이야기를 들려주는 활동이에요. 화가도 되고, 작가와 전시물의 이야기를 듣는 특별한 관람객도 되어보는 역할 놀이로 이어갈 수 있어요. 미술관 놀이 속에서 자연스럽게 이야기를 듣고 경험에 비추어 공감하고 표현하며 의사소통 능력이 향상돼요.

⭐ 놀이 자료

다양한 채색 도구, 캔버스, 유아들의 미술 작품, 이름표, 미술관 꾸미기 재료, 미술관에서 제공하는 가상현실(VR) 체험

⭐ 놀이 방법

1. 충분한 시간과 다양한 채색 도구를 사용해서 자유롭게 미술 작품을 그려요.
2. 작품을 그릴 때의 마음이나 작품에 관해 생각을 자유롭게 이야기 나눠요.
3. 가상 현실(VR) 프로그램을 활용해서 가상 미술관을 관람하고 작품을 미술관처럼 전시해요.
4. 미술관 놀이로 연결하여 작가, 관람객, 도슨트 역할로 놀이해요.

⭐ **문해력을 높이는 아이들의 톡톡톡**

 작가님은 어떤 작품을 그리고 있나요?

 무지개 속을 떠다니는 배를 그리고 있어요.

 검은 별도 반짝일 수 있다는 모습을 그리고 싶어요.

진짜 미술관에 있는 것처럼 가상 현실 미술관 체험을 해볼까요?

 우와~ 게임하는 거 같아요.

다른 나라의 미술관도 가볼 수 있겠어요.

 이 그림은 어떤 작품인가요?

 작가가 제일 좋아하는 꽃이 민들레래요.

 이 그림의 제목은 반짝이는 검은 별의 여행이에요.

놀이 TIP

- 실감 나는 미술관 놀이를 위해 입장권 만들기, 스탬프 찍기 등의 재료를 지원해요.
- 도슨트, 큐레이터 등 미술관과 관련된 직업에 대해서 알아보고 역할을 나누어 놀이해요.
- 클래식이나 조용한 음악을 틀어 미술관 분위기를 더하고 미술관을 홍보하는 팜플렛도 만들 수 있어요.

⭐ 문해력 놀이 확장하기

- 일상에서 감사한 순간을 찾아 그림으로 그리고, 왜 감사한 마음이 드는지 글로 적어 모두 함께 볼 수 있도록 감사 일기 갤러리를 꾸며요.
- 내가 그린 미술 작품의 등장인물, 내용, 사건 등의 이야기를 친구들 앞에서 소리 내어 낭독해요.

우리의 감사 일기 갤러리

나의 작품 낭독회

★ 가정에서도 할 수 있는 일상 속 문해력 놀이

| 음운론적 인식 | **이야기 이해력** | 어휘력 | 소근육 운동 | 기초 읽기 | 기초 쓰기 |

[환경 인쇄물]
잡지 속 이야기를 찾아서

| 신체운동·건강 | **의사소통** | **사회관계** | 예술경험 | 자연탐구 |

⭐ 놀이 소개
재미있는 이야기를 주의 깊게 들어본 뒤, 잡지에 담긴 다양한 그림과 사진에서 이야기 속 장면과 관련된 이미지를 찾아보는 활동이에요. 유아들이 이야기를 회상하고, 잡지 속 그림·사진과 내용을 연결해 보며 이야기의 흐름과 구조를 자연스럽게 이해할 수 있어요.

⭐ 놀이 자료
유아들이 흥미로워할 만한 이야기나 그림책, 여러 가지 잡지

⭐ 놀이 방법
1. 선생님이 들려주는 이야기를 주의 깊게 들어요.
2. 잡지 속 다양한 그림과 사진을 보며, 이야기와 관련 있는 장면을 찾아요.
3. 내가 고른 그림이나 사진이 왜 그 장면과 어울리는지 이야기해요.
4. 친구들과 찾은 그림을 한군데 모아 이야기 전시관을 만들어 게시해요.

⭐ 문해력을 높이는 아이들의 톡톡톡

어떤 일들이 일어났나요?

오소리 아줌마가 회오리에 날아갔어요.

꽃밭을 발견했어요.

잡지의 이 그림(사진)은 이야기의 어떤 부분과 연결되나요?

눈보라 치는 모습이 회오리치는 것 같아요.

꽃들이 많아서 꽃밭 같아요.

이야기 속의 장면과 고른 사진의 닮은 점은 무엇인가요?

여기 이 보라색 꽃이 오소리네 집 꽃밭에 있었던 꽃이에요.

오소리 아줌마가 날아간 읍내 장터 같아요.

> **놀이 TIP**
> - 다양한 종류의 그림과 사진이 있는 잡지를 준비해요.
> - 유아들이 그림책의 장면과 내용을 자세히 탐색한 후에 활동해야 잡지에서 관련 있는 그림을 잘 찾을 수 있어요.

⭐ **문해력 놀이 확장하기**

– 이야기를 회상한 뒤 기억에 남는 한 장면을 떠올리고, 그 장면에 나오는 인물의 표정과 몸짓을 표현해요. 친구들은 그 동작과 표정을 보고 어떤 장면인지 맞혀 봐요.
– 잡지 속에서 무작위로 그림이나 사진이 들어간 페이지 3장을 고른 뒤 연결해 하나의 이야기를 만들어 봐요.

이야기 속 순간 포착

이야기의 탄생

★ 가정에서도 할 수 있는 일상 속 문해력 놀이

부모님 이야기를 찾아서

사진 속 이야기 세상

부모님의 결혼사진이나 어릴 적 사진을 보며 이야기나눠요.

준비물
- 부모님의 결혼사진 또는 어릴 적 사진

놀이 방법
1. 부모님과 앨범을 펼쳐봐요.
2. 결혼사진이나 부모님의 어릴 적 사진을 보며 어떤 순간이었는지, 누구와 함께 했는지, 어떤 마음이 들었는지 이야기 나눠요.
3. 유아에게도 부모님과 같은 순간이 있었는지 생각해봐요.

이렇게 했어요!

은행잎이 떨어지던 가을 집 앞에서 아버지가 찍어주신 사진. 어릴 때는 단발머리가 마음에 안 들었어!

사랑으로 결혼한 부모님의 연애스토리

[유-초 이음교육]
초등학교 1학년 교실 속 수업 이야기

그림책으로 문해력을 키워요.

글을 읽는 것은 글자를 단순히 읽는 것을 의미하는 것이 아닙니다. 바로 글의 의미를 이해하는 것을 말합니다. 글의 내용을 잘 파악하기 위해서는 독서를 습관화하는 것이 중요합니다. 학생들은 다양한 작품을 읽고 다른 사람의 생각과 느낌을 파악하며 좀 더 작품에 대해 깊게 생각할 힘을 갖게 됩니다.

1학년 국어 교육과정에서는 다양한 그림책을 제시하여 학생들이 작품을 읽고 작품에 관한 생각과 느낌을 나눌 수 있도록 합니다. 그림책을 읽은 후에는 그림책 속 인물의 모습과 행동을 상상해 보는 활동들을 해봅니다. 이를 통해 학생들은 이야기를 이해하는 능력을 향상할 수 있습니다.

1학년 국어과 교육과정에 수록된 그림책들에는 다음과 같습니다.

그림책 연계 활동

[1학년 국어과 수록 그림책]

학기	책 제목	저자	출판사
1	노란 우산	류재수 저/신동일 작곡	보림(2007)
	숨바꼭질 ㅏㅑㅓㅕ	김재영 글.그림	현북스(2023)
	코끼리가 꼈어요	박준희 글/함담희 그림	책고래(2018)
	우리는 분명 연결된 거다	최명란 글/박현영 그림	창비(2018)
	학교 가는 길	이보나 흐미엘레프스카 글.그림/ 이지원 옮김	논장(2011)
	맛있는 건 맛있어	김양미 글/김효은 그림	시공주니어(2019)
	꼭 잡아	이혜경 글/강근영 그림	여우고개(2007)
	꽃에서 나온 코끼리	황K 글.그림	책읽는곰(2016)
	구름놀이	한태희 글.그림	미래엔아이세움(2004)
	도서관 고양이	최지혜 글/김소라 그림	한울림어린이(2020)
	모두 모두 한집에 살아요	마리안느 뒤비크 글.그림/임나무 옮김	고래뱃속(2020)
2	가시 소년	권자경 글/하완 그림	천개의 바람(2021)
	내 마음을 보여줄까?	윤진현 글.그림	웅진주니어(2010)
	화내지 말고 예쁘게 말해요	안미연 글/서희정 그림	상상스쿨(2020)
	대단한 참외씨	임수정 글/전미화 그림	한울림어린이(2019)
	다니엘의 멋진 날	미카 아처 글.그림/이상희 옮김	비룡소(2020)
	그래, 책이야!	레인 스미스 글/김영연 옮김	문학동네(2011)
	괜찮아 아저씨	김경희 글.그림	비룡소(2017)
	아주 무서운 날	탕무니우 글/홍연숙 옮김	찰리북(2014)
	진짜 일 학년 책가방을 지켜라!	신순재 글/ 안은진 그림	천개의바람(2017)
	마음이 그랬어	박진아 글.그림	노란돼지(2018)
	낭송하고 싶은 우리 동시	문삼석, 전병호,방정식 글/ 이선주 그림	좋은꿈(2020)
	브로콜리지만 사랑받고 싶어	별다름,달다름 글/서영 그림	키다리(2021)
	인사	김성미 글.그림	책읽는곰(2020)

| 음운론적 인식 | 이야기 이해력 | **어휘력** | 소근육 운동 | 기초 읽기 | 기초 쓰기 |

[그림책]
우리 엄마를 소개해

| 신체운동·건강 | **의사소통** | 사회관계 | **예술경험** | 자연탐구 |

⭐ 놀이 소개

[우리엄마 ㄱ,ㄴ,ㄷ]은 유아들에게 가장 친숙한 엄마를 떠올리며 생각나는 단어를 연결해서 엄마를 소개하는 그림책이에요. 우리 엄마 하면 생각나는 단어를 떠올리고 그 단어의 소리가 나는 자음 말 주머니를 찾아 단어에 맞는 그림을 그려서 엄마 소개판을 만들어요. 엄마 소개판을 만들며 한 가지 주제와 관련된 다양한 어휘를 활용할 수 있어요.

⭐ 놀이 자료

그림책 [우리엄마 ㄱ,ㄴ,ㄷ] (전포롱 글.그림, 파란자전거), 자음이 한 글자씩 쓰여진 말 주머니, 종이, 색연필

⭐ 놀이 방법

1. '엄마' 하면 생각나는 것들을 이야기해요.
2. 그림책을 보며 자음 순서대로 '엄마' 하면 생각나는 단어를 이야기 나눠요.
3. 우리 엄마를 소개할 수 있는 단어로 시작되는 자음 말 주머니를 찾아봐요.
4. 자신이 찾은 자음으로 시작되는 단어를 그림으로 표현해요.
5. 우리 엄마를 소개해요.

⭐ **문해력을 높이는 아이들의 톡톡톡**

 '엄마' 하면 어떤 것이 떠오르나요?

엄마를 사랑해요.

우리 엄마는 꽃을 좋아해요.

 엄마를 소개하는 단어 중 'ㅇ'으로 시작하는 건 어떤 단어가 있을까요?

요리요.

어항이요.

 내가 만든 작품을 보여주며 엄마를 소개해 줄 친구가 있나요?

우리 엄마는 '요리'를 잘해요.

우리 엄마는 '김밥'을 좋아해요.

🏷️ **놀이 TIP**

- '엄마' 하면 떠오는 단어를 이야기할 때 엄마가 좋아하는 것, 싫어하는 것, 취미 관련 발문을 통해 생각을 확장할 수 있어요.
- 그림책 [아빠 ㄱㄴㄷ](이갑규 글.그림, 파란자전거)도 있어요. 다양한 가족 구성원이 있을 수 있으므로, 엄마가 아닌 다른 가족을 소개할 수 있어요.

⭐ **문해력 놀이 확장하기**

– 엄마 소개판에 있는 단어를 연결해서 우리 엄마를 소개하는 동시를 지을 수 있어요.
– 다양한 단어를 색깔판 위에 두고 가족 관련 단어를 찾아보는 게임이에요.

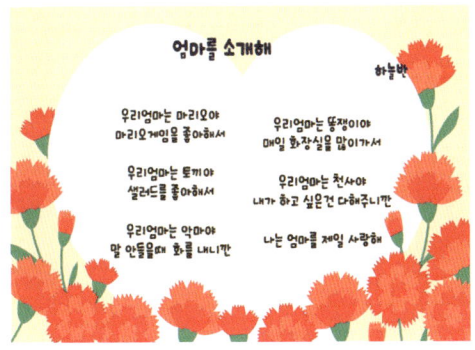

우리 엄마 동시 짓기

가족 관련 단어 찾기 게임

⭐ **가정에서도 할 수 있는 일상 속 문해력 놀이**

| 음운론적 인식 | 이야기 이해력 | **어휘력** | 소근육 운동 | 기초 읽기 | 기초 쓰기 |

[디지털]
인공지능 친구와 단어 창고

| 신체운동·건강 | **의사소통** | 사회관계 | 예술경험 | 자연탐구 |

⭐ 놀이 소개

우리 원에 찾아온 인공지능 친구 'Google Gemini'와 함께 책이나 노랫말 등 주변에서 모르는 단어를 찾아보는 활동이에요. 'Google Gemini'에게 모르는 단어를 물어보며, 단어의 의미를 자연스럽게 익히고 어휘력을 키울 수 있어요.

⭐ 놀이 자료

인공지능 서비스 'Google Gemini', 태블릿 PC, 라벨기기 및 라벨지

⭐ 놀이 방법

1. 활동 전, 'Google Family link' 계정으로 로그인해요.
2. 책이나 동요 등 주변에서 모르는 단어를 찾아봐요.
3. 인공지능 친구 'Google Gemini'에게 모르는 단어의 뜻을 물어봐요.
4. 'Google Gemini'가 알려준 단어의 뜻을 잘 기억하고 'Google Gemini'에게 배운 단어를 '단어 창고'로 지정한 교실 벽면에 게시해요.
5. 단어 창고에 저장한 단어를 활용하여 친구들과 퀴즈를 주고받을 수 있어요.

⭐ **문해력을 높이는 아이들의 톡톡톡**

노랫말 가사 속에서
처음 들어보는 말이 있을까요?

'한 뼘'은 무슨 말이예요?

'한 뼘'? 어디서 들어본 것 같은데...
아! '뼈'가 한 개 있다는 걸까요?

우리 'Google Gemini'에게 물어볼까요?

달팽이가 내 손바닥 만큼도
못 갔나 봐요.

어른 달팽이는
어른 손만큼 못 갔다는 거에요?

'Google Gemini'가 알려준 단어 중에
새롭게 알게 된 말은 뭐가 있었나요?

'비교'요. 비슷한 것,
다른 것을 나란히 놓고 보는 거예요.

내가 비교해 보니 '사과'랑
'바나나'는 맛있지만, 모양이 달라요!

놀이 TIP

- 'Google Gemini'와 이야기 나눈 단어들을 지속적으로 경험할 수 있도록 라벨지로 인쇄하여 벽면에 게시해요.
- Google Gemini는 13세 미만 어린이의 직접 사용이 제한되어 있어요. 유해한 정보로부터 보호하고 안전하게 활용하기 위해 반드시 'Google Family link' 계정으로 로그인하여 활용해요.

★ 문해력 놀이 확장하기

- 인공지능 프로그램인 'Google Gemini'와 말놀이를 해봐요. '리'자로 끝나는 말', '삼행시 짓기', '다섯 고개 놀이' 등 다양한 말놀이를 해요.
- 웹 기반 디지털 도구 tldraw(tldraw.com/)'를 활용하여 단어 대기 활동을 해요. 익숙해지면 세 글자 단어대기와 같이 글자 수를 제한하며 난도를 조절할 수 있어요.

'리' 자로 끝나는 말 말놀이

단어 릴레이 게임

⭐ 가정에서도 할 수 있는 일상 속 문해력 놀이

구글 Gemini AI

생성형 AI 친구, '구글 Gemini'를 소개해요.

구글 Gemini 란?

- Google Family Link 앱을 통해 유아가 인공지능과 대화하며 놀이와 학습을 함께 즐길 수 있는 생성형 ai
- 음성으로 끝말잇기나 퀴즈 주고받기, 모르는 단어의 뜻 물어보기 등 다양한 말놀이를 할 수 있어요.

준비물

- 인공지능 서비스 '구글 Gemini' (https://gemini.google.com)
- 스마트폰 혹은 태블릿 PC

활용 방법

① 'Google Family Link' 앱 접속 및 부모 계정으로 로그인해요.

② '자녀 감독 기능 설정'을 클릭하여 관리하려는 자녀의 프로필을 선택해요.

③ 'Family Link'에서 자녀 프로필을 선택 후 '설정' 메뉴로 이동하여 '구글 Gemini' 앱 항목을 찾아 사용을 허용해요.

④ 자녀의 기기에서 '구글 Gemini'를 시작해요.

| 음운론적 인식 | 이야기 이해력 | **어휘력** | 소근육 운동 | 기초 읽기 | 기초 쓰기 |

[미술]
나의 마음속 이야기

| 신체운동·건강 | **의사소통** | 사회관계 | **예술경험** | 자연탐구 |

⭐ **놀이 소개**

　동화 속 주인공의 감정을 이해하고 공감하며 감정과 관련된 이야기를 나누고, 그림과 글로 표현해 보는 활동이에요. 생활 속에서 자연스럽게 느껴지는 감정 인식과 올바른 표현을 통해 감정과 관련된 다양한 단어를 알고 적절히 사용하는 능력이 키워질 수 있어요.

⭐ **놀이 자료**

검정 도화지, 크레파스, 그림책 [행복한 물고기] (미스 반 하우트 글·그림, 보림)

⭐ **놀이 방법**

1. 우리가 알고 있는 다양한 감정들을 이야기해 보아요.
2. '행복한 물고기' 동화를 감상하고 물고기의 표정과 감정에 관해 이야기 나눠요.
3. 여러 가지 감정 중 표현하고 싶은 것을 골라 검정 도화지를 반으로 접어 한쪽에는 그림으로 표현하고 다른 쪽은 글로 써봐요.
4. 내가 표현한 감정을 전시하고, 어떠한 감정인지 친구들에게 소개해요.

⭐ **문해력을 높이는 아이들의 톡톡톡**

우리가 느꼈던
다양한 감정에 대해서 말해볼까요?

친구랑 같이 놀면 행복해요.

엄마가 소리를 지르면 놀라고 슬퍼요.

감정을 어떻게 표현하면 좋을까요?

표정마다 마음이 달라요.

쓸쓸하고 용감한 건
몸으로 표현해요.

그림과 글로 감정을 표현하고
친구들에게 발표해 볼까요?

어떤 때는 슬프다가 기쁘기도 해요.

친구들이 귓속말을 해서
무슨 말인지 궁금해하는 거예요.

> **놀이 TIP**
>
> - 생활 속 다양한 감정이 표출되는 상황과 연계하면 감정에 대해 잘 알 수 있어요.
> - 감정과 관련된 단어와 문장을 일상생활 속에서 자연스럽게 들을 수 있도록 해요.
> - 부정적인 감정들도 자연스럽게 느끼도록 격려하고 이를 긍정적으로 표현하는 것이 중요하다는 것을 알도록 해요.

⭐ **문해력 놀이 확장하기**

- 글자에 관심을 가질 때 ㄱ, ㄴ, ㄷ, ㄹ…로 시작하는 단어를 그림이나 글로 적고 모아서 함께 볼 수 있도록 전시해요.
- 유아들이 그림을 이어서 그리고 하나의 완성되는 이야기를 만들어 친구들에게 그림을 보며 이야기를 들려주어요.

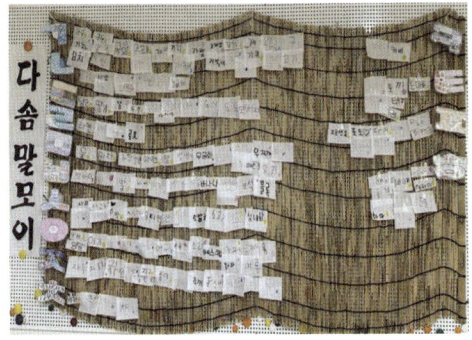

어휘 쑥쑥 낱말 탐험대

네 컷 그림 이야기

★ 가정에서도 할 수 있는 일상 속 문해력 놀이

우리 가족 퀴즈

가족이 함께 알아 맞히는 단어 게임

내가 그린 사물이나 동물의 특징을 설명하고 알아 맞춰요.

준비물

- 색연필 등 필기도구
- 스케치북

놀이 방법

① 가족 구성원에 따라 2개 이상의 팀으로 나눠요.

② 동물, 과일, 직업, 감정 등 주제를 정하고 스케치북에 상대팀에게 낼 문제를 그림과 글로 표현해요.

③ 가위, 바위, 보 등으로 먼저 시작할 팀을 정해요.

④ 단어에 맞는 특징을 설명하고 정해진 시간 안에 정답을 맞혀요.

이렇게 했어요!

| 음운론적 인식 | 이야기 이해력 | **어휘력** | 소근육 운동 | 기초 읽기 | 기초 쓰기 |

[자연물]
자연 단어 수집가

| 신체운동·건강 | **의사소통** | 사회관계 | 예술경험 | **자연탐구** |

⭐ 놀이 소개

내가 알고 있는 자연의 단어를 친구들과 함께 찾아보며, 자연을 나타내는 여러 가지 단어를 수집해 보는 활동이에요. 자신이 알고 있는 단어와 친구들이 알고 있는 자연 단어들을 모아보며, 자연에서 찾을 수 있는 다양한 단어에 관심을 가질 수 있어요.

⭐ 놀이 자료

자연물, 종이카드, 사인펜, 마 끈, 집게

⭐ 놀이 방법

1. '수집가'에 대해서 함께 이야기를 나눠요.
2. 내가 알고 있는 자연의 단어를 친구들과 함께 말해보며, 종이에 단어를 써 봐요.
3. 나와 친구들의 자연 단어를 끈에 매달아 수집해요.
4. 자연을 둘러보며, 우리가 생각하지 못한 단어가 무엇이 있는지 함께 찾아봐요.

⭐ **문해력을 높이는 아이들의 톡톡톡**

 자연에서 무엇을 수집할 수 있을까요?

 저는 돌을 수집하고 싶어요!

 저는 여러 가지 색깔 나뭇잎을 수집하고 싶어요!

돌, 나뭇잎처럼 또 자연에는 어떤 단어가 있을까요?

 저기에 소나무가 있어요.

어! 저기 소나무에 새집이 걸려 있어요.

 우리가 자연에서 찾은 단어들을 함께 볼까요?

 우리가 찾은 자연의 단어들이 정말 많아요!

 집에 가는 길에 또 단어들을 찾을래요.

놀이 TIP

- 자연에 나가서 직접 눈으로 보며 찾으면, 다양한 단어를 찾을 수 있어요.
- 글자를 모르는 유아의 경우, 유아용 디지털카메라를 활용할 수 있어요.
- 교사가 "흙은 어디 있나? 여기" 등의 활동을 통해 자연에서 유아들이 놓치고 있는 단어를 함께 찾아봐요.

★ 문해력 놀이 확장하기

- 친구들과 함께 자연에서 찾은 것의 특징을 말하면, 교사가 허니콤 보드 판에 써주어 어휘력을 확장해요. '거미'는 '줄무늬', '파리를 먹는' 등의 특징을 더해봐요.
- 자연에서 수집한 단어 카드를 2장씩 만들어 친구와 함께 자연 단어 메모리 게임을 할 수 있어요. 같은 자연물 단어가 나오면 카드를 가져갈 수 있어요.

자연에 특징 더하기

자연 단어 메모리 게임

★ 가정에서도 할 수 있는 일상 속 문해력 놀이

여행 가는 길에서
여행가는 길에서 본 단어 찾기
가족들과 여행을 가면서 만나는 단어를 말해 봐요!

준비물
- 주변을 둘러보는 눈
- 또박또박 말하는 입

놀이 방법
① 가족들과 함께 여행을 가며, 주변을 둘러 봐요.
② 주변에 보이는 단어를 말해요. (자동차, 사람, 바다, 조개, 모래 등)
③ 순서를 정해 단어를 말해보며, 누가 가장 많은 단어를 말하는지 이야기를 나눠요.
④ 단어의 특징을 더해 말해봐요. (출렁이는 파도, 예쁜 조개 등)

이렇게 했어요!
하늘, 구름, 섬
모래, 바다, 조개껍데기

| 음운론적 인식 | 이야기 이해력 | **어휘력** | 소근육 운동 | 기초 읽기 | 기초 쓰기 |

[환경 인쇄물]
알쏭달쏭 우리 가게

| 신체운동·건강 | **의사소통** | **사회관계** | 예술경험 | 자연탐구 |

⭐ 놀이 소개
우리 주변 가게들의 간판 속 단어를 관찰하고, 그 의미를 이해해 보는 활동이에요. 유아들이 실제 동네를 탐색하며 간판 속에서 다양한 단어를 발견하고, 단어의 쓰임과 느낌을 이해하며 단어에 관한 관심을 자연스럽게 확장할 수 있어요.

⭐ 놀이 자료
사진기, 간판용 판지, 그리기 도구

⭐ 놀이 방법
1. 우리 동네를 돌아보며 여러 가지 간판을 탐색하고, 사진을 찍어 수집해요.
2. 함께 찍은 간판 사진에 어떤 단어들이 들어있는지 살펴보며 의미를 알아봐요.
3. 내가 만들고 싶은 가게를 하나 정하고, 그 가게에 어울리는 단어를 이용해 가게 이름을 지어요.
4. 가게 이름을 짓고 간판을 멋지게 꾸민 뒤 소개해요.

⭐ **문해력을 높이는 아이들의 톡톡톡**

이곳은 무엇을 파는 곳일까요?
무엇을 보고 그것을 알 수 있나요?

돼지가 그려진 걸 보니까
돼지고기 먹는 식당같아요.

물감표시가 있어요.
미술학원인 것 같아요!

간판에 ○○○은 무슨 뜻일까요?

'수선'은 고친다는 뜻이에요.

꿈, 소망을 '이루다' 할 때 써요.

내가 만든 간판을 친구들에게 소개해 볼까요?

저는 코O몽 마트라고 지었어요.
제가 좋아하는 캐릭터예요.

맛있는 피자를 팔 거라서
꿀맛 피자라고 지었어요.

> 놀이 TIP
>
> - 우리 동네 간판을 살펴보며 글자를 유추할 수 있게 지원해 주세요.
> - 유아들이 직접 찍은 사진 자료를 활용하면 흥미를 높일 수 있어요.
> - 사전을 이용해 어휘의 정확한 의미를 유아에게 설명해 주세요.

⭐ **문해력 놀이 확장하기**

- 물건을 팔 때 필요한 어휘와 문장에 대해 함께 이야기 나눈 뒤 우리가 만든 간판을 이용해 가게 놀이를 해봐요.
- 내가 만든 가게에서 어떤 메뉴를 팔고 싶은지 생각해 본 뒤 종이에 적어 메뉴판을 만들어요.

우리 동네 가게 놀이

우리 가게 메뉴판

⭐ **가정에서도 할 수 있는 일상 속 문해력 놀이**

우리 동네 단어 산책

단어로 이루어진 우리 동네

우리 동네를 산책하며 여러가지 단어를 찾아봐요.

준비물
✔ 시선을 조금 위로 들어요!

놀이 방법
① 우리 동네를 이곳저곳을 산책하며 글자가 쓰여있는 것들을 찾아봐요.
- 간판
- 안내판
- 홍보물, 입간판
- 메뉴판 등

② 부모님과 함께 모르는 단어의 의미를 알아봐요.

✱ 너무 어려운 단어보다, 유아들이 맥락상 알고 있지만 정확한 의미는 모르는 단어를 함께 찾아 보세요! (예 : 수선, 명품 등)

이렇게 했어요!

- '할인'은 무슨 의미일까?
- '이루다'는 언제 사용하는걸까?
- 여기는 음식을 담아 파는 곳인가봐. '찬'은 어디에서 가져온 글자일까?

[유-초 이음교육]
초등학교 1학년 교실 속 수업 이야기

문해력 향상을 위해 다양한 어휘를 배워요.

초등학교 1학년 국어 교육과정에서는 학생들이 한글을 배운 후 다양한 낱말을 배워 어휘력을 향상하고 있습니다. 어휘력은 문해력을 구성하는 주요 요소 중 하나입니다. 어휘력 신장은 학생들이 글의 내용을 잘 파악하고 자기 생각을 문장 및 글로 표현하는 데 중요한 역할을 하게 됩니다.

특히 〈1학년 1학기 4. 여러 가지 낱말을 익혀요〉 단원에서는 여러 가지 주제의 낱말을 다양한 매체를 통해서 배움으로써 학생들의 자기 생각을 표현할 수 있는데 목표로 둡니다. 소단원에서는 〈나와 가족〉,〈학교와 이웃〉에 관련된 낱말을 익히게 학생 자신에게 가까운 것부터 차츰 확장하여 다양한 낱말을 익혀볼 수 있도록 합니다. 낱말을 배우는 데 있어 단순히 읽고 쓰는 것에 그치는 것이 아니라, 다양한 놀이 활동, 그림책 등을 활용해 학생들이 흥미를 갖고 활동에 참여할 수 있도록 합니다.

단어 수집가 책 만들기

낱말 모으기

| 음운론적 인식 | 이야기 이해력 | 어휘력 | **소근육 운동** | 기초 읽기 | 기초 쓰기 |

[음악-신체]
엄지 체조

| **신체운동·건강** | 의사소통 | 사회관계 | **예술경험** | 자연탐구 |

⭐ 놀이 소개
'캉캉' 음악에 맞춰 엄지를 다양하게 움직여 보는 체조 활동이에요. 유아들이 음악에 맞춰 손가락을 움직이며 놀다 보면 눈·손 협응력뿐만 아니라 소근육 조절 능력을 기를 수 있어요.

⭐ 놀이 자료
'캉캉' 노래 음원, 화살표 그림

⭐ 놀이 방법
1. 유아들과 화살표 그림을 보며 엄지를 자유롭게 움직여 봐요. (엄지척한 두 손을 첫째 마디뼈가 만나도록 붙이고 시작)
   - 화살표 그림 : ↗↖, ↑↓, ↕↕, ↻↺, →↗, ↖←
2. 화살표 그림을 보며 '캉캉' 음악에 맞춰 엄지 체조를 해봐요.
3. 다양한 음악에 맞춰 엄지 체조를 해봐요.

⭐ **문해력을 높이는 아이들의 톡톡톡**

선생님처럼 두 손을 주먹 쥐고 만나게 해 볼까요?

싸우는 것처럼 힘센 주먹이 된 것 같아요!

엄지손가락만 남았어요!

이 화살표(↑↓)는 손가락을 어떻게 움직이면 좋을까요?

위아래로 움직여요.

서로 다르게 움직이고 싶어요.

엄지 체조를 해보니 어땠나요?

평소보다 엄지를 많이 움직인 것 같아요.

손가락을 따로따로 움직여 보는 게 재미있어요.

놀이 TIP

- 처음에는 천천히 시작하고 익숙해지면 빠르기를 조절해서 놀이해요.
- 손가락뿐만 아니라 발가락 등 다른 신체 부위로도 적용해요.
- 다양한 손 놀이 활동을 통해 유아들의 소근육 발달을 지원해요.

⭐ **문해력 놀이 확장하기**

- 손가락 인형을 만든 후 '캉캉' 음악에 맞춰 손가락 댄스파티 놀이를 해봐요.
- 느린 음악, 빠른 음악, 경쾌한 음악 등 음악의 리듬과 느낌에 따라 늘이기, 동글동글하게 만들기, 주무르기, 누르기 등 음악에 맞춰 점토 놀이를 해봐요.

손가락 댄스파티

음악에 맞춰 점토 놀이하기

★ 가정에서도 할 수 있는 일상 속 문해력 놀이

내 마음의 친구 풍선 말랑이

행복한 잠자리 만들기 활동

오늘 하루 어땠나요?
잠들기 전 '풍선 말랑이'를 조물락 거리며 나의 부정적인 마음을 해소해 봐요!

준비물
- 풍선, 유성매직
- 깔대기(있으면 좋아요)
- 풍선 속에 넣을 재료 (밀가루, 수정토, 점토, 휴지, 물 등 집에 있는 재료 사용)
- 잔잔한 음악

놀이 방법

① 풍선 입구에 깔대기를 끼워 넣고 준비된 말랑이 속 재료를 넣고 묶어요.
② 풍선을 유성 매직으로 꾸며 줘요.
③ 잠자리에 들기 전 조용한 음악과 함께 즐거웠던 일, 화났던 일들을 말해봐요.
④ 풍선 말랑이를 조물 거리며 나의 부정적인 감정을 해소하며 행복한 잠자리에 들어요.

이렇게 했어요!

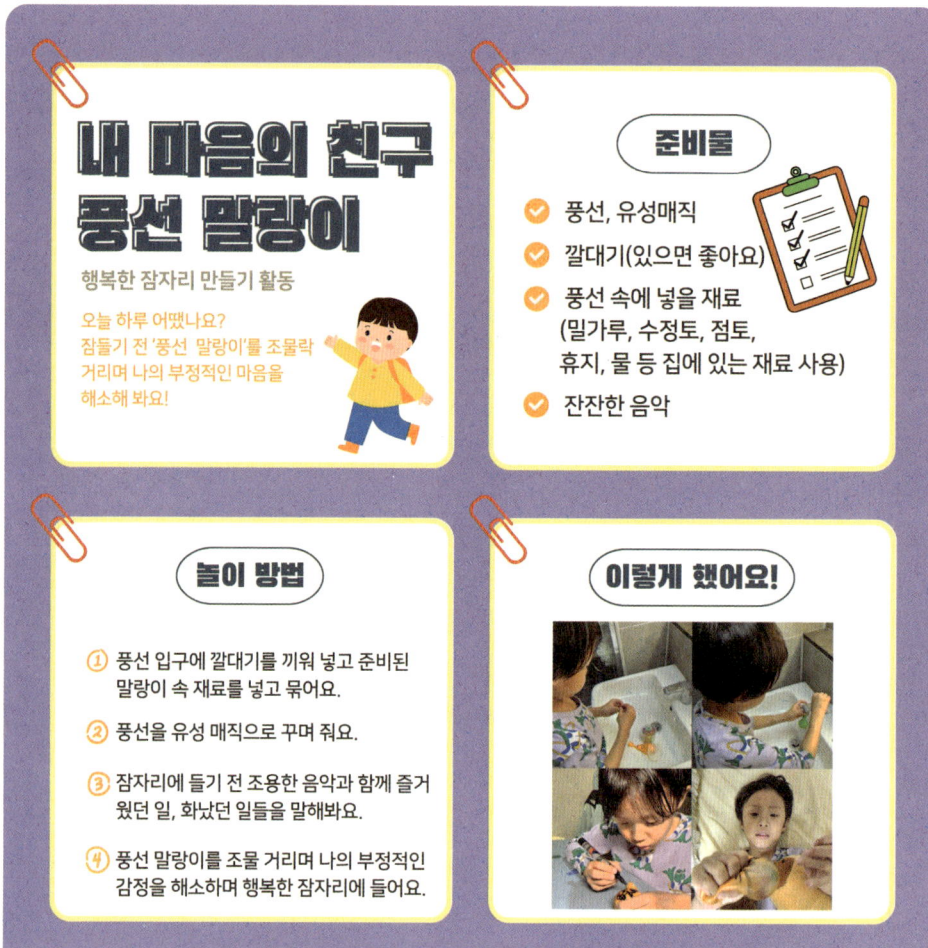

| 음운론적 인식 | 이야기 이해력 | 어휘력 | **소근육 운동** | 기초 읽기 | 기초 쓰기 |

[그림책]
조물조물 나의 여름

| 신체운동·건강 | **의사소통** | 사회관계 | **예술경험** | 자연탐구 |

⭐ 놀이 소개

[여름이 온다]는 여름 날씨를 다양한 미술표현 기법을 활용하여 비발디의 사계 중 여름을 각 악장별로 다르게 표현한 그림책이에요. 유아들이 여름의 느낌을 음악, 미술 작품으로 느끼고 감상하며 다양한 미술기법을 활용하여 소근육과 얼굴, 발 등 신체의 작은 근육을 움직여 표현하면서 보다 정교한 조작을 할 수 있어요.

⭐ 놀이 자료

그림책 [여름이 온다] (이수지 글·그림, 비룡소), 종이, 물감, 크레파스, 종이, 지끈, 비발디 사계 중 여름 음원

⭐ 놀이 방법

1. 표지를 보며 어떤 계절을 표현한 것인지 왜 그렇게 생각하는지 이야기해요.
2. 비발디 사계 중 여름을 배경음악으로 들으며 그림책을 감상해요.
3. 그림책에서 표현하고 싶은 장면을 골라 다양한 재료를 이용하여 표현해요.
4. 자신의 작품을 친구들에게 소개해요.

⭐ **문해력을 높이는 아이들의 톡톡톡**

 표지를 보니 어떤 계절을 표현한 것 같나요?

 여름이요.

파란색이랑 물이 나와서 여름 같아요.

 물줄기를 어떻게 표현할 수 있을까요?

 종이를 찢어서 붙여요.

 물감을 붓으로 톡톡 튀게 해요.

 다양한 방법으로 여름을 표현해 보니 어땠나요?

 스팡클 반짝이를 붙여서 좋았어요.

 물감을 뿌릴 때 재미있었어요.

> **놀이 TIP**
>
> - 한 번에 물감, 스텐실, 그림 그리기 영역을 운영하는 것이 어렵다면, 같은 재료를 선택한 유아들끼리 소집단으로 운영해요.

⭐ **문해력 놀이 확장하기**

– 협동작품으로 친구들과 그림책의 한 장면을 함께 구성해 보고, 종이접기 등으로 꾸며 소근육을 다양하게 움직이는 활동을 해요.

– 사계 음악을 들으며, 다양한 재료를 넣어 슬라임으로 비 오는 날을 표현하며 소근육 놀이를 해요.

협동작품으로 표현하기

슬라임으로 비 오는 날 표현하기

★ **가정에서도 할 수 있는 일상 속 문해력 놀이**

소근육 운동 활용 추천 그림책!

반죽놀이, 가위질, 바느질, 젓가락질

부모님과 함께 그림책을 읽고,
손근육 활동 놀이를 해요.

반죽놀이

✓ [주므르고 늘리고]는
반죽을 다양하게 가지고 놀 수 있는 방법을
창의적으로 상상하여 표현한 그림책이에요.

그림책을 보면서
반죽놀이를 하면 소근육 능력을
키울 수 있어요.

Q&A 반죽을 몸에 두지 않고
빙글빙글 돌릴 수 있을까?

가위질

✓ [색종이는 밤에 뭐할까?]는
한밤 중 가위가 색종이를 잘라 여러가지로 바뀌는 것을
보여주는 그림책이에요.

가위로 색종이를 잘라 그림책에
나오는 장면을 만들어 보며 소근육
활동을 할 수 있어요.

Q&A 가위가 색종이를 잘라 무슨
모양이 되었니?

바느질

✓ [ㄱㄴㄷ 바느질]은
초성으로 시작하는 단어를 손뜨개한 글자로 표현한
그림책이에요.

모음을 직접 바느질하며
한글에 관심을 가지며
소근육 놀이도 할 수 있어요.

Q&A 미음은 무엇이 될 수 있을까?

| 음운론적 인식 | 이야기 이해력 | 어휘력 | **소근육 운동** | 기초 읽기 | 기초 쓰기 |

[디지털]
톡톡! 손가락 아트 공작소

| 신체운동·건강 | **의사소통** | 사회관계 | **예술경험** | 자연탐구 |

⭐ 놀이 소개

3D펜을 활용하여 내가 그린 그림을 다양한 입체작품으로 만들어 보는 활동이에요. 손가락의 미세한 움직임을 조절하며 다양한 선과 형태를 그려보는 과정에서 소근육 및 눈과 손의 협응력을 기를 수 있어요.

⭐ 놀이 자료

유아용 저온 3D펜, 다양한 색상의 PLA 필라멘트, 투명한 컷팅 매트, 기타 악세사리 부자재 (고리, 줄 등)

⭐ 놀이 방법

1. 내가 실제로 만들고 싶은 작품은 무엇이 있는지 생각해요.
2. 만들고 싶은 작품의 도안을 그린 후, 어떤 색으로 꾸밀지 이야기 나눠요.
3. 3D 펜을 안전하게 사용하는 방법과 사용 시 주의해야 할 점에 대해 알아봐요.
4. 도안 위에 투명 매트를 덧댄 후, 3D 펜으로 선을 따라 그려봐요.
5. 완성된 작품이 식으면 떼어내어 고리나 줄 등의 부자재와 연결해요.

⭐ 문해력을 높이는 아이들의 톡톡톡

실제 모양과 비슷하게 그림을 그릴 수 있는 펜이 있다면 무엇을 만들어 보고 싶어요?

저는 예쁜 매니큐어가 있는 손톱을 만들 거예요.

저는 선글라스요! 이제 바깥 놀이 나가야 할 때 필요할 것 같아요.

3D 펜으로 그림을 그려보니 어떤가요?

손에 힘을 주고 선을 따라 움직여야 돼요.

손을 왔다 갔다 움직이면 3D 펜도 왔다 갔다 그림을 그려요.

친구들과 3D 펜으로 만든 작품을 감상해 볼까요?

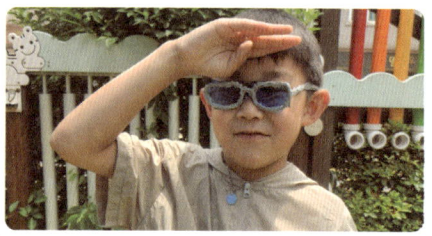

내가 만든 선글라스 멋있죠?

손이 아팠지만, 다음에 더 멋진 물건을 만들어 볼래요.

놀이 TIP

- 유아용 저온 3D 펜을 사용하되, KC 인증 등 안전 인증마크가 있는 제품을 사용해요.
- 3D 펜을 장시간 사용하면 열로 인해 색깔 심(필라멘트)이 쉽게 녹아 정교한 작업이 어려울 수 있으니 시간을 정해놓고 사용해요.

⭐ 문해력 놀이 확장하기

- 3D 펜을 활용하여 다양한 입체작품 전시회를 개최해요. 작은 작품, 큰 작품, 움직임이 있는 작품 등 다양한 작품을 만들어 복도에 전시하고 만드는 방법도 설명해요.
- 디지털 드로잉 프로그램을 활용하여 다양한 작품을 그린 후 이를 라벨지에 프린트하여 나만의 스티커를 만들어 볼 수 있어요.

입체작품 전시회

아트 드로잉 스티커

⭐ **가정에서도 할 수 있는 일상 속 문해력 놀이**

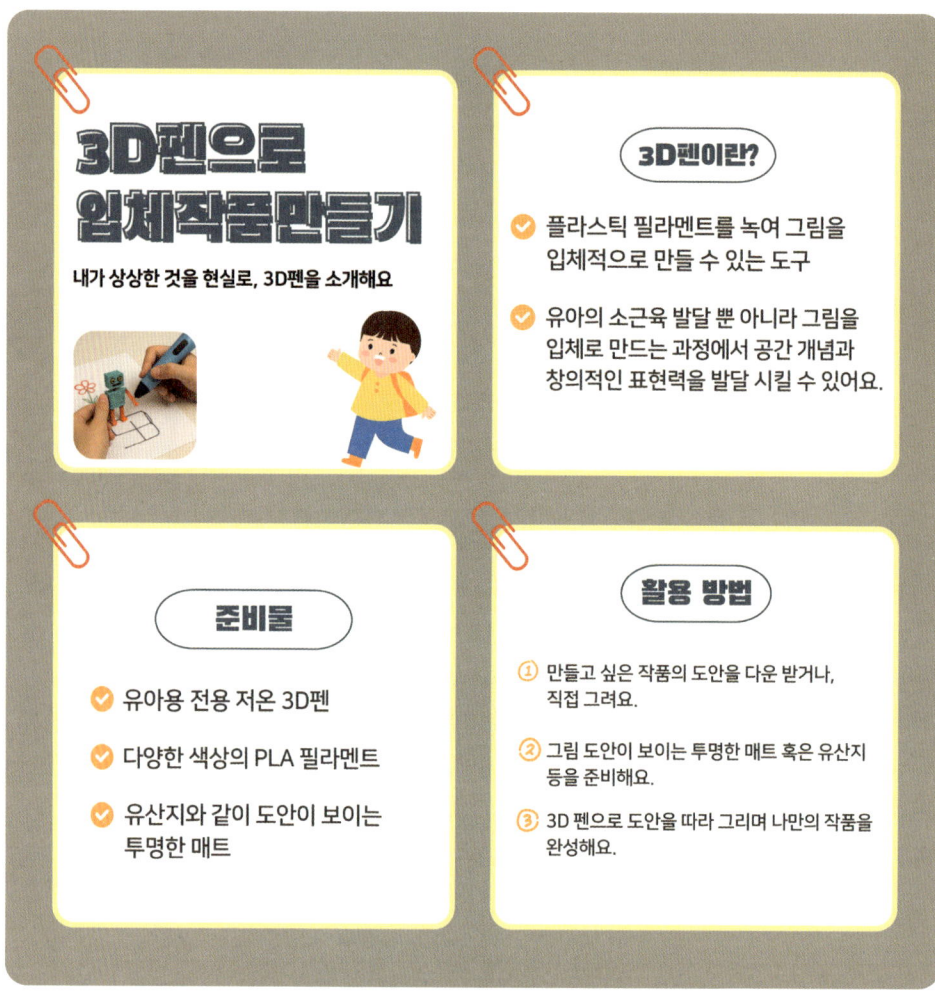

3D펜으로 입체작품만들기
내가 상상한 것을 현실로, 3D펜을 소개해요

3D펜이란?
- 플라스틱 필라멘트를 녹여 그림을 입체적으로 만들 수 있는 도구
- 유아의 소근육 발달 뿐 아니라 그림을 입체로 만드는 과정에서 공간 개념과 창의적인 표현력을 발달 시킬 수 있어요.

준비물
- 유아용 전용 저온 3D펜
- 다양한 색상의 PLA 필라멘트
- 유산지와 같이 도안이 보이는 투명한 매트

활용 방법
1. 만들고 싶은 작품의 도안을 다운 받거나, 직접 그려요.
2. 그림 도안이 보이는 투명한 매트 혹은 유산지 등을 준비해요.
3. 3D 펜으로 도안을 따라 그리며 나만의 작품을 완성해요.

| 음운론적 인식 | 이야기 이해력 | 어휘력 | **소근육 운동** | 기초 읽기 | 기초 쓰기 |

[미술]
거미줄에 걸린 글자

| 신체운동·건강 | **의사소통** | 사회관계 | **예술경험** | 자연탐구 |

⭐ 놀이 소개

고무줄이나 털실을 묶어 거미줄을 만들고 자음과 모음을 자유롭게 붙여 글자를 조합해 보는 놀이에요. 다양한 끈의 매듭을 지으며 거미줄을 만들 때 소근육이 키워지고, 거미줄 글자 놀이로 글자에 관해 관심이 높아질 수 있어요.

⭐ 놀이 자료

고무줄이나 털실 같은 기다란 줄, 색종이, 가위, 꾸미기 재료

⭐ 놀이 방법

1. 고무줄이나 털실을 매듭지어 거미줄처럼 길게 이어 붙여요.
2. 거미줄에 원하는 모양을 붙이거나 다양한 재료를 이용해 꾸며요.
3. 색종이를 이용해 자음, 모음을 만들어 자유롭게 붙여요.
4. 자음, 모음을 조합해 알고 있는 글자로 만들어 봐요.

⭐ **문해력을 높이는 아이들의 톡톡톡**

긴 줄을 이용해서 어떤 놀이를 해볼까요?

고무줄 놀이요.

거미줄을 만들어 보고 싶어요.

고무줄을 묶으면서
진짜 거미줄처럼 만들어 볼까요?

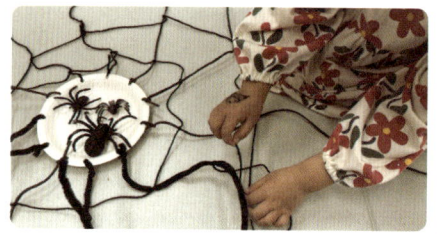

거미 먹이도 붙일래요.

거미줄에 내가 아는 글자도
붙여볼래요.

프프 'ㅍ'이랑 'ㅏ'를 합하면
무슨 글자가 될까요?

거미가 좋아하는 먹이는 파리네요.

내 이름도 만들 수 있어요.

> 놀이 TIP
>
> - 거미줄에 통 글자를 붙여 내 이름을 찾는 활동을 할 수 있어요.
> - 고무줄, 털실 등 끈 재료를 매듭짓는 다양한 방법을 소개할 수 있어요.
> - 글자가 붙여진 거미줄에 닿지 않게 통과하는 게임도 할 수 있어요.

⭐ **문해력 놀이 확장하기**

- 거미줄에 여러 단어를 붙이고 미리 정해진 글자를 통과하며 길을 찾아가는 게임을 즐겨요.
- 양말목을 고리처럼 엮으며 길게 연결하여 모양과 색을 자유롭게 탐색하고 원하는 모양으로 만들고 환경 소품으로 꾸밀 수 있어요.

글자 미션 통과하기 게임

양말목 고리 연결 놀이

★ 가정에서도 할 수 있는 일상 속 문해력 놀이

실뜨기

사랑이 오가는 실로 가족의 손끝을 엮어요.

가족이 함께 실뜨기 모양을 배우고 따라하며 릴레이 실뜨기에 도전해요.

준비물
- 실뜨기 실
- 실뜨기 도안

놀이 방법
1. 실의 양 끝을 묶어 고리 형태로 만들어요.
2. 실을 양손 검지에 걸고 손가락을 움직여 실을 늘리거나 줄여봐요.
3. 기본적인 실뜨기 모양을 따라해봐요.
4. 한 사람이 모양을 만들면 다른 사람이 이어받아 또 다른 모양을 만드는 릴레이 놀이를 해요.

이렇게 했어요!

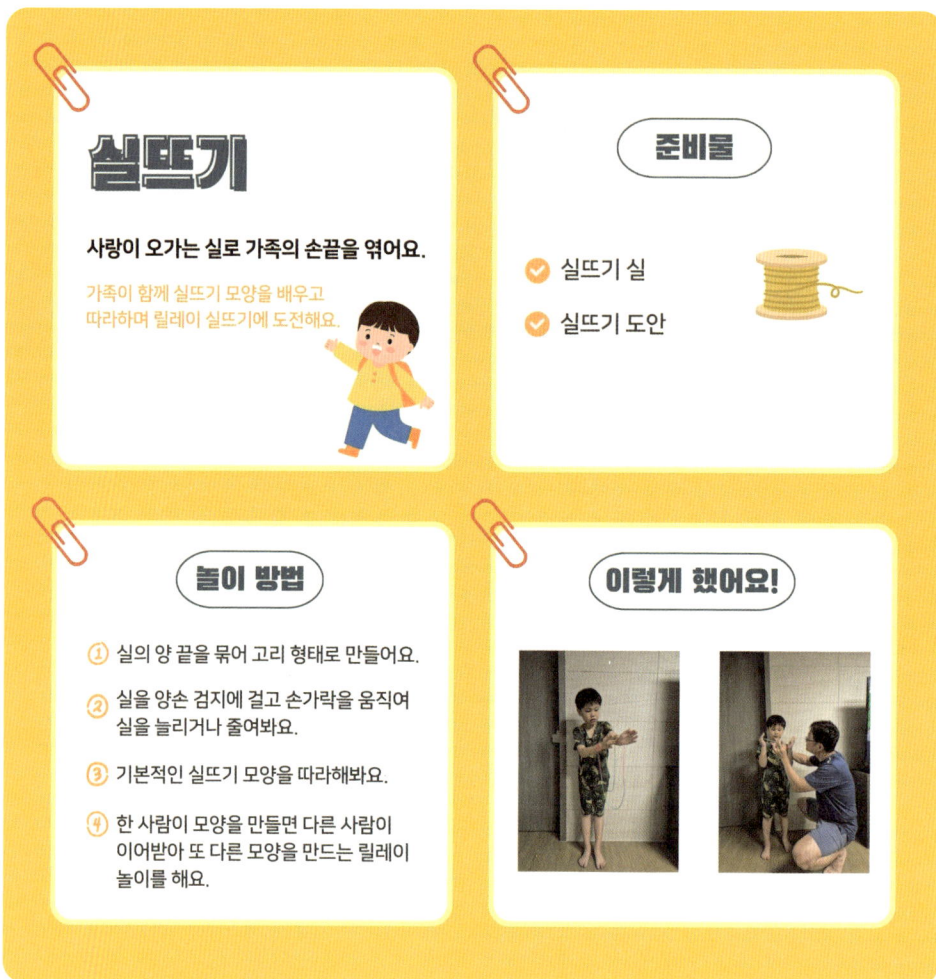

| 음운론적 인식 | 이야기 이해력 | 어휘력 | **소근육 운동** | 기초 읽기 | 기초 쓰기 |

[자연물]
땅속 탐험대

| **신체운동·건강** | 의사소통 | 사회관계 | **예술경험** | **자연탐구** |

⭐ **놀이 소개**

땅속에 살고 있는 다양한 동물들에 대해 알아보고, 자연물과 미술 재료를 이용하여 땅속에 사는 동물들을 만들어 땅속을 탐험해 보는 활동이에요. 여러 가지 재료를 이용하여 땅속 동물을 만들며, 손의 힘을 기를 수 있어요.

⭐ **놀이 자료**

땅속 동물 모형, 자연물, 다양한 미술 재료, 흙

⭐ **놀이 방법**

1. 땅속에 사는 여러 가지 동물(개미, 거미, 지렁이 등)에 관해 이야기를 나눠요.
2. 자연물과 여러 가지 미술 재료를 이용하여 나만의 땅속 동물을 만들어요.
3. 동물을 움직이며, 친구들과 함께 땅속을 탐험해 봐요.
4. 친구들과 함께 땅속을 탐험해 본 경험에 관해 이야기를 나눠요.

⭐ 문해력을 높이는 아이들의 톡톡톡

땅속 마을에 간다면 누구를 만날 수 있을까요?

땅속에는 여러 가지 동물들이 살아요.

지렁이도 있고, 땅거미도 있어요. 두더지도 있어요.

우리 함께 땅속 마을에 사는 동물들을 만들어 볼까요?

점토를 손으로 밀면 지렁이가 되어요.

검은색 점토로 거미 몸을 만들고 모루로 다리를 만들었어요.

우리가 만든 동물들로 땅속 탐험을 해볼까요?

땅속 동물들의 집을 우리가 만들어줘요.

여기는 지렁이 집이에요. 개미를 지렁이 집에 초대할래요.

놀이 TIP

- 땅속 동물의 모습이나 특징을 충분히 탐색할 수 있는 시간을 제공해요.
- 다양한 재료를 이용하여, 땅속 동물을 표현할 수 있도록 지원해요.
- 처음에는 손으로 움직인 후 다양한 도구(집게, 나무젓가락)를 이용해 봐요.

⭐ **문해력 놀이 확장하기**

– 개미가 지렁이를 만날 수 있도록 연필이나 사인펜을 이용하여 미로를 통과해 봐요.
– 자연에서 찾은 나뭇가지와 하얀색 실을 이용하여, 거미줄을 만들어요. 검지와 중지로 실을 잡고 나뭇가지에 감으면 거미줄을 만들 수 있어요.

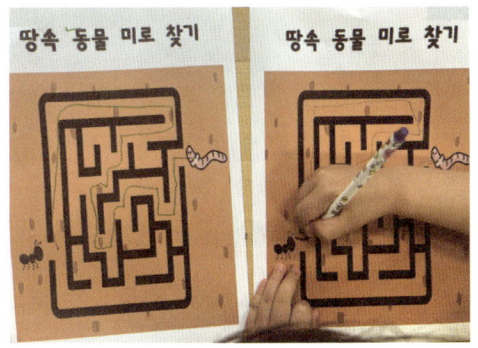

땅속 동물 미로 찾기   거미줄 만들기

★ **가정에서도 할 수 있는 일상 속 문해력 놀이**

자연물을 옮겨라!

도구를 이용하여 자연물 옮기기

집게, 젓가락 등의 도구를 이용하여 자연물을 옮겨봐요!

준비물
- 2구 접시
- 여러가지 자연물
- 여러 가지 도구 (집게, 에디슨 젓가락, 쇠 젓가락 등)

놀이 방법
① 우리 집과 주변에 있는 자연물(솔방울, 나무, 과일, 곡식 등)을 찾아봐요.
② 2구 접시에 자연물을 넣고 도구를 이용하여 접시를 옮겨봐요.
③ 1단계는 집게, 2단계는 에디슨 젓가락, 3단계는 쇠 젓가락을 이용해봐요.
④ 가족들과 함께 오른손, 왼손 사용 등 난이도를 조절하여 놀이에 참여해요.

이렇게 했어요!

[유-초 이음교육]
초등학교 1학년 교실 속 수업 이야기

소근육 발달 및 한글 쓰기를 위해 선 긋기 활동은 중요해요.

본격적인 한글 쓰기에 앞서 학생들은 선 긋기 활동을 합니다. 선 긋기 활동은 한글을 쓰기 전 소근육 발달을 도와줍니다. 소근육 발달이 제대로 이루어지지 않으면 학생들이 직선을 그리거나 복잡한 모양을 따라 그리는 데 어려움을 겪을 수 있습니다. 이는 글쓰기 능력을 키우기 위한 중요한 기초 단계로, 선 긋기 활동을 통해 손 근육과 협응 능력을 향상하는 것이 중요합니다. 선 긋기 활동은 이후 자음과 모음을 쓰는 기초가 되기 때문에 세로선-가로선-아래로 꺾은 선-오른쪽으로 꺾은 선-네모선-사선-굽은 선-동그라미선 등으로 학생들이 쉬운 것부터 정교한 것까지 순차적으로 배울 수 있도록 지도하고 있습니다.

국어 교과서 선 긋기   선 긋기 연습하기

아직 손힘이 부족한 1학년 학생들을 위해 처음에는 굵은 심의 연필을 사용해서 지도하기도 합니다. 소근육 발달을 위해 국어 시간의 선 긋기 활동 이외에 통합 교과 시간을 활용하여 다양한 선을 표현하기, 색칠하기 등을 활용해 반복적으로 지도하고 있습니다.

| 음운론적 인식 | 이야기 이해력 | 어휘력 | 소근육 운동 | **기초 읽기** | 기초 쓰기 |

[음악-신체]
따라쟁이 말놀이

| 신체운동·건강 | 의사소통 | 사회관계 | **예술경험** | 자연탐구 |

⭐ **놀이 소개**

의성어와 의태어가 가득한 그림책을 읽고, 동물들의 소리와 동작을 말과 몸짓으로 표현해 보는 활동이에요. 흉내 내는 말을 따라 읽다 보면 자연스럽게 읽기에 관심을 가지게 되고 언어 표현력 향상에도 도움을 줄 수 있어요.

⭐ **놀이 자료**

그림책 [홀짝홀짝 호로록] (손소영 글·그림, 창비), 녹음기, QR코드, 태블릿

⭐ **놀이 방법**

1. 유아들과 그림책 [홀짝홀짝 호로록]을 읽어 봐요.
2. 그림책 속 동물들이 내는 소리와 모양(흉내 내는 말)을 따라 읽어 봐요.
3. 그림책 속 동물들의 자세와 동작도 따라 해보아요.
4. 유아들의 흉내 내는 말을 녹음해서 QR코드로 만든 후 그림책에 부착해서 오디오 그림책으로 만들어 보아요.

⭐ **문해력을 높이는 아이들의 톡톡톡**

그림책 속 '버럭'은 무엇을 표현하는 말일까요?
행동으로 표현해 보아요!

화가 많이 난 것 같아요.

얼굴이 빨개지고
크게 소리를 지르고 있어요.

'뽕'은 무엇을 표현하는 말일까요?
소리를 읽고 표현해 보아요!

강아지랑 고양이가
방귀 뀌는 소리예요.

'뽕' 방귀 냄새가 지독해서
고양이가 놀랐어요.

우리의 목소리가 담긴 오디오북을 통해 읽으니
어떤 점이 좋은가요?

글자를 몰라도
대신 읽어줘서 좋아요.

친구 목소리를 들을 수 있어서 좋아요.

🏷️ **놀이 TIP**

- '오디오북'을 녹음할 때 책장 넘기는 소리나 악기 소리를 넣어서 녹음해 보세요.
- 유아들에게 '의성어', '의태어'라는 말보다는 소리와 모양을 흉내 내는 말로 소개해주면 더 쉽게 이해할 수 있어요.

⭐ **문해력 놀이 확장하기**

– 하루 일과 중 찍은 사진으로 의성어·의태어 카드를 만들어요. (예: 문 여닫는 모습 – 드르륵드르륵)
– 의성어·의태어 카드를 몸으로 표현하면 어떤 흉내 내는 말인지 알아맞히는 놀이를 해요.

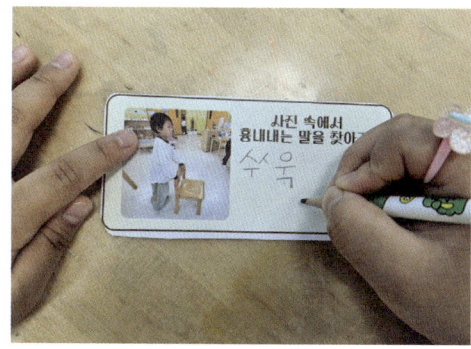

흉내 내는 말을 찾아라

몸으로 말해요

★ 가정에서도 할 수 있는 일상 속 문해력 놀이

이름을 불러 주세요!

우리 집 물건 이름 불러주기

우리 집 물건에 이름표를 만들어 붙이고 이름을 불러주세요!

준비물
- 포스트잇(종이)
- 쓰기도구

놀이 방법
① 가족과 함께 우리 집에 있는 물건(식물) 중 어떤 물건에 이름표를 붙여 줄지 이야기해 봐요.
② 가족의 도움을 받아 종이에 물건의 이름 적고 붙여요.('에어컨'이라고 적어도 좋고 '썰렁한 아이스 맨' 처럼 별명을 지어져도 좋아요.)
③ 물건에 붙여진 이름표를 보고 이름을 불러줘요.('썰렁한 아이스맨' 시원하게 해줄래?)

이렇게 했어요!

| 음운론적 인식 | 이야기 이해력 | 어휘력 | 소근육 운동 | **기초 읽기** | 기초 쓰기 |

[디지털]
글자 사냥을 떠나자!

| 신체운동·건강 | **의사소통** | **사회관계** | 예술경험 | 자연탐구 |

⭐ **놀이 소개**

증강현실 앱 'Halo AR'을 활용하여 우리 원 곳곳에서 AR 마커인 글자를 찾아보는 활동이에요. AR 화면에 숨겨진 글자가 나타나는 과정을 통해 유아는 주변 글자를 주의 깊게 관찰하며 읽는 것에 흥미를 느낄 수 있어요.

⭐ **놀이 자료**

증강현실 앱 'Halo AR', 태블릿 PC 또는 스마트폰

⭐ **놀이 방법**

1. 활동 활동 전, 우리 원에 많은 글자가 숨겨져 있음을 이야기 나눠요.
2. 'Halo AR' 앱 사용 방법에 대해 알아봐요.
3. 짝이나 모둠별로 태블릿 PC를 활용하여 숨겨진 글자를 찾아봐요.
4. 어떤 글자를 찾았는지 함께 이야기를 나눠요.

⭐ **문해력을 높이는 아이들의 톡톡톡**

숨겨져 있는 글자를 함께 찾아볼까요?

보물찾기 하는 것 같아요.

이곳에 '도서관'이라고 쓰여있어요.

어떤 글자가 나타났나요?

시계에서 글자를 찾았어요!

시계를 비추니 '시' '계' 라고 쓰여있어요!

우리가 찾은 글자는 무엇이 있었나요?

저희는 5개 찾았어요.

텔레비전, 칠판, 변기, 세면대, 거울, 연필 저희는 6개 찾았어요.

놀이 TIP

- 사전에 'Halo AR' 어플을 활용하여 우리 원 곳곳 교구나 물건 등에 글자를 숨겨 놓아요.
- 벽면에 QR코드를 부착하여 유아들이 쉽게 증강현실에 접속할 수 있도록 지원해요.

⭐ **문해력 놀이 확장하기**

- 'Halo AR' 어플을 활용하여 찾은 글자를 모아 기록해 두고 디지털 카메라를 활용하여 우리 원 곳곳에서 같은 글자를 찾아 사진을 찍어봐요.
- 웹 기반 디지털 도구 Interacty(http://Interacty.me)를 활용해서 메모리 게임을 할 수 있어요. 친구들이 찾은 글자와 사물 사진을 연결하면서 기초 읽기 능력을 키울 수 있어요.

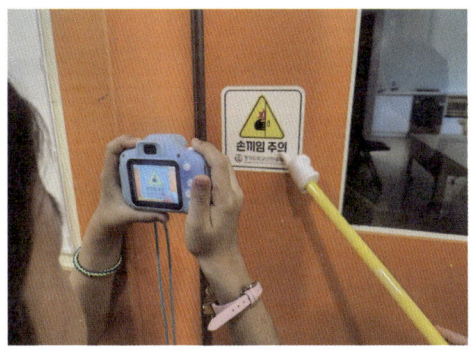

글자 사냥

글자 사냥 메모리게임

⭐ 가정에서도 할 수 있는 일상 속 문해력 놀이

| 음운론적 인식 | 이야기 이해력 | 어휘력 | 소근육 운동 | **기초 읽기** | 기초 쓰기 |

[미술]
글자 징검다리

| 신체운동·건강 | **의사소통** | 사회관계 | 예술경험 | 자연탐구 |

⭐ **놀이 소개**

글자 카드를 바닥에 놓고 함께 정한 글자를 기억해 밟으며 징검다리처럼 건너보는 활동이에요. 유아의 읽기 수준에 맞춰 함께 만든 다양한 글자 카드로 징검다리를 만들어 놀이하며 말과 글의 연결에 관심을 가지고, 글자 읽기에 흥미를 느낄 수 있어요.

⭐ **놀이 자료**

함께 만든 글자 카드, 원마커, 출발 지점, 도착 지점

⭐ **놀이 방법**

1. 한 글자, 단어 등 유아들의 읽기 능력에 맞게 징검다리에 놓을 단어를 정해요.
2. 함께 정한 글자, 단어를 유아들과 함께 그림과 글자 카드로 여러 장 만들어요. 이때, 다른 글자를 두세 개 섞어서 만들어요.
3. 만든 글자 카드를 바닥에 놓고 함께 읽어봐요.
4. 함께 정한 글자 카드만 밟으며 건너는 글자 징검다리 게임을 해요.

⭐ 문해력을 높이는 아이들의 톡톡톡

어떤 글자 카드를 만들어 볼까요?

'나비'로 하고 싶어요.

'나비' 그림도 같이 있었으면 좋겠어요.

'나비' 글자만 밟아서 징검다리를 건너가 볼까요?

'나비' 말고 다른 글자도 있어요.

'나무' 글자를 밟으면 물에 빠져요.

이번에는 어떤 방법으로 글자 징검다리를 건너볼까요?

여러 가지 글자를 밟고 건너가고 싶어요.

친구가 말해주는 글자를 밟고 건너가 볼래요.

> **놀이 TIP**
> - 어린 유아의 경우 그림이 있는 글자 카드를 만들어 주고 놀이할 수 있어요.
> - 짝 게임으로 두 명씩 짝을 지어 친구가 불러주는 글자만 밟으며 놀이해요.

⭐ **문해력 놀이 확장하기**

− 친구에게 하고 싶은 말을 꽃 도안에 적고, 에바 알머슨 명화의 인물처럼 꾸며 게시하여 서로 써진 글자를 보며 이야기 나눠요.

− 나의 사진 옆에 이름을 써주거나, 써진 것을 보고 따라 쓴 자석 이름표를 만들어 가장 친숙한 이름을 보고 읽으며 주변에서 볼 수 있는 글자 읽기에 흥미를 가져요.

'에바 알머슨'처럼, 꽃으로 마음을 읽어요

자석으로 만드는 멋진 이름표

★ 가정에서도 할 수 있는 일상 속 문해력 놀이

냠냠, 과자 한글 뚝딱!

맛있는 과자를 통해 읽기의 재미 찾기.

한글 모양의 과자를 이용해서 글자를 만들고 읽어봐요.

준비물
✓ 한글 모양의 과자

놀이 방법
① 한글 모양의 과자를 자유롭게 탐색하며 글자에 친숙함을 느끼도록 놀이해요.
② '가'자를 만들어 보여주며 또렷하게 읽어주고, 부모님이 말하는 글자를 한글 과자에서 찾아서 낱말을 완성해요.
③ 나와 가족의 이름처럼 친숙한 낱말을 과자로 만들고 스스로 읽어봐요.

이렇게 했어요!

| 음운론적 인식 | 이야기 이해력 | 어휘력 | 소근육 운동 | **기초 읽기** | 기초 쓰기 |

[자연물]
우리가 가꾸는 텃밭 지도

| 신체운동·건강 | **의사소통** | 사회관계 | 예술경험 | **자연탐구** |

⭐ 놀이 소개

스티커에 적힌 식물 이름과 같은 글자의 식물을 텃밭에서 찾아보며, 식물 이름을 읽고 텃밭 지도를 완성해 보는 활동이에요. 우리가 가꾸는 텃밭에서 키우는 다양한 식물의 이름을 읽어 보며, 읽기에 관심을 가질 수 있어요.

⭐ 놀이 자료

텃밭 식물 이름표, 텃밭 지도 활동지, 텃밭 식물 이름 스티커

⭐ 놀이 방법

1. 텃밭에서 키우는 식물과 식물의 이름표를 살펴봐요.
2. 스티커에 적힌 텃밭 식물의 이름을 읽고, 텃밭에서 같은 식물 이름표를 찾아봐요.
3. 찾은 식물의 이름을 읽으며, 텃밭 지도에 식물 이름 스티커를 붙여요.
4. 친구들과 함께 텃밭 지도를 완성하며, 텃밭 식물의 이름을 읽어봐요.

⭐ **문해력을 높이는 아이들의 톡톡톡**

 (이름표를 가리키며) 이건 무엇일까요?

 무슨 식물인지 알려주는 거예요.

이건 '오이'에요.
이 식물에서 오이가 자랄 거예요.

 텃밭에는 어떤 식물들이 자라고 있는지 찾아볼까요?

 나는 바질을 찾아볼래요.

 여기에 가지랑 토마토도 있어요!

 텃밭 지도를 완성해 보니 어땠나요?

 우리가 만든 지도를 보고
채소를 찾을 수 있어요.

 우리가 키우는 채소 이름을
읽을 수 있어요!

> **놀이 TIP**
>
> - 어린 유아의 경우 채소 이름 글자와 사진을 같이 넣어줘요.
> - 글을 읽지 못하는 유아의 경우 교사가 읽어주는 채소의 이름을 함께 찾아봐요.
> - 돋보기를 이용하면, 텃밭 탐정이 되어 즐겁게 지도를 완성할 수 있어요.

★ **문해력 놀이 확장하기**

- 텃밭 채소와 열매 그림이 담긴 도블 놀이판을 이용해 내가 가지고 있는 카드와 같은 그림이 있으면, 채소와 열매 이름을 소리 내어 읽은 후 카드 한 장을 가져와요.
- 텃밭에서 돌아오는 길에 주변의 꽃, 나무 이름 안내판을 찾아 함께 읽어 봐요.

텃밭 채소와 열매 도블

꽃 이름 안내판 찾기

⭐ 가정에서도 할 수 있는 일상 속 문해력 놀이

냉장고를 부탁해

냉장고 속 글자를 찾아 지도 만들기

우리 집 냉장고 속에 있는
음식 재료를 찾아 읽어 봐요!

이렇게 했어요!

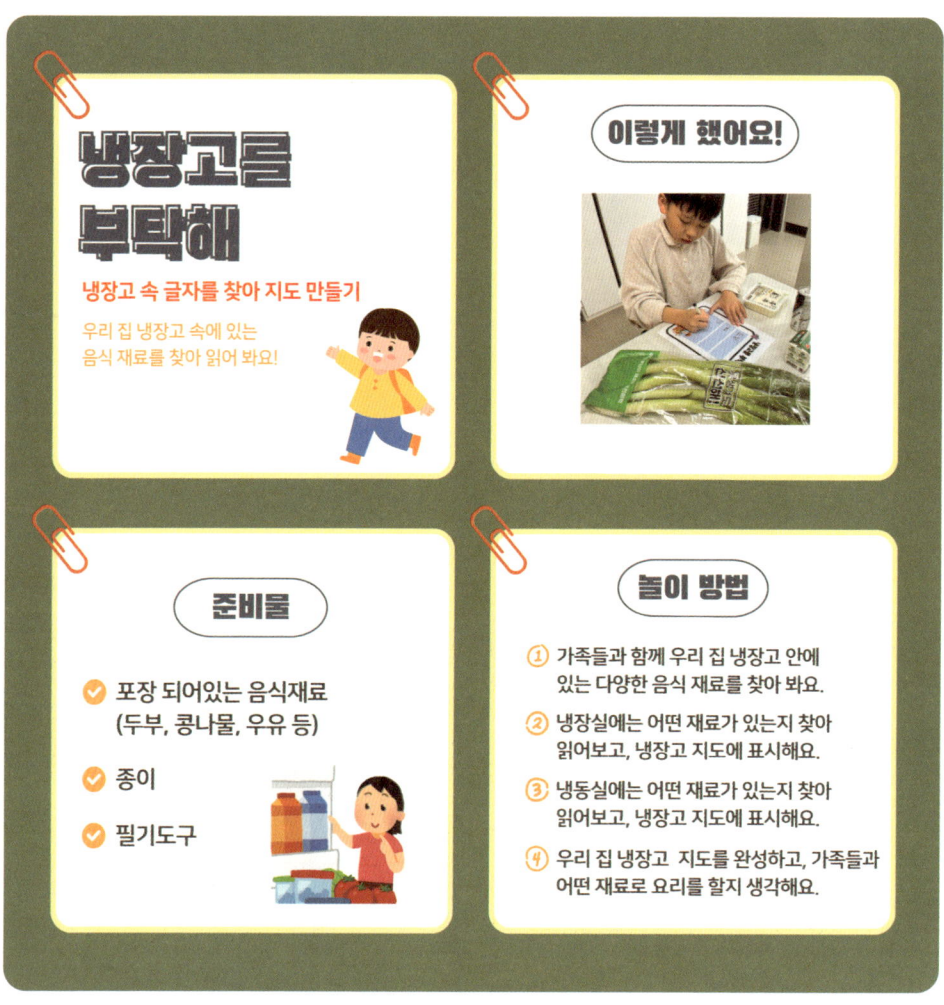

준비물

- 포장 되어있는 음식재료
  (두부, 콩나물, 우유 등)
- 종이
- 필기도구

놀이 방법

① 가족들과 함께 우리 집 냉장고 안에 있는 다양한 음식 재료를 찾아 봐요.
② 냉장실에는 어떤 재료가 있는지 찾아 읽어보고, 냉장고 지도에 표시해요.
③ 냉동실에는 어떤 재료가 있는지 찾아 읽어보고, 냉장고 지도에 표시해요.
④ 우리 집 냉장고 지도를 완성하고, 가족들과 어떤 재료로 요리를 할지 생각해요.

| 음운론적 인식 | 이야기 이해력 | 어휘력 | 소근육 운동 | **기초 읽기** | 기초 쓰기 |

[환경 인쇄물]
너의 이름은?

| 신체운동·건강 | **의사소통** | **사회관계** | 예술경험 | 자연탐구 |

⭐ 놀이 소개

과자 봉지에 적힌 글자를 관찰하며 그림과 글자의 관계를 유추해 보는 활동이에요. 유아들이 친숙한 환경에서 글자에 대한 흥미를 자연스럽게 느끼고 글자 속에 담긴 의미를 상상하며 말소리와 글자의 연결을 경험할 수 있어요.

⭐ 놀이 자료

다양한 과자(포장지를 통해 과자 이름을 유추할 수 있는 과자), 가위, 풀, 과자봉지 그림 활동지

⭐ 놀이 방법

1. 눈을 가린 채 과자의 맛을 보고 어떤 맛이 나는지, 어떤 이름을 가졌을 것 같은지 상상하며 이야기 나눠요.
2. 다양한 과자의 이름을 가리고 보여준 뒤 글자와 그림을 단서로 과자 이름을 유추해요.
   - 포장지의 그림을 보며 유추해요.
   - 하나씩 나타나는 글자 힌트를 보며 자연스럽게 연결되는 글자를 찾아요.
3. 과자 봉지의 글자를 오려서 새로운 글자를 만들어봐요.

⭐ 문해력을 높이는 아이들의 톡톡톡

눈을 가리고 과자를 먹어보니 어떤 과자일 것 같나요?

바삭바삭한 과자일 것 같아요.

쌀로 만들었을 것 같아요.

우리가 알고 있는 글자를 찾아볼까요?

'별'! 별이라고 쓰여있어요.

'밥'이잖아요.
식단표에서 많이 봤어요.

어떤 새로운 과자 이름을 만들었나요?

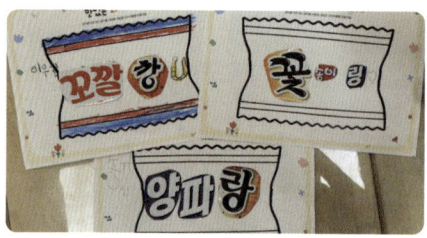

'양파랑'이에요.
양파랑 꽃게 맛이 나요.

'꽃송이링'은 꽃 모양으로 생겼어요.

> **놀이 TIP**
> - 유아들이 잘 모르는 과자를 이용하면 호기심을 불러일으킬 수 있어요.
> - 과자 이름을 이미 너무 잘 알고 있으면 이름 대신 과자 홍보 문구 일부를 가리고 맞춰 보면 난이도를 조절할 수 있어요.
> - 과자를 이용해 내 이름이나 주변 친구의 이름을 만들어 읽어 봐요.

⭐ 문해력 놀이 확장하기

- 점토를 이용해 내가 좋아하는 맛의 과자를 만들고 과자 상자에 넣은 뒤 어울리는 이름을 지어 붙이고 소개해요.
- 놀이했던 과자 이름으로 글자 카드를 만들어요(예: '초', '코', '파', '이' 한 장씩). 빙고 칸 안에 글자 카드를 내 마음대로 배치한 후, 과자 이름을 부르면 그 과자 이름이 들어 있는 글자 칸을 찾아 표시해요.

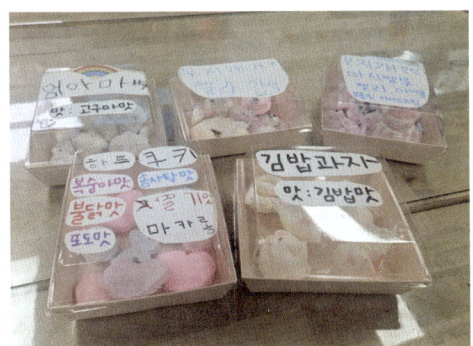

나만의 상상 과자 만들기

과자 이름 빙고

★ 가정에서도 할 수 있는 일상 속 문해력 놀이

미션! 글자 정보 찾기

과자봉투의 글자들

과자나 음료수 껍데기를 살펴보며 여러가지 정보를 찾아봐요.

준비물

✓ 과자봉투, 음료수병 등 내가 먹었던 음식

놀이 방법

① 집에서 맛있게 먹은 과자, 음료수, 요거트, 라면, 밀키트 등 정보가 적혀있는 것을 활용해요.

② 여러가지 정보를 찾아봐요.
 • 어떤 회사에서 만들었나요?
 • 언제까지 먹어야 할까요?
 • 어떤 재료가 들어갔을까요?(주요 재료만)
 • 어떤 맛이 날까요?

✱ 유아들이 혼자 읽고 무작정 정보를 찾아내는 것은 매우 난이도가 높아요! 부모님이 힌트를 제공해요.

이렇게 했어요!

[유-초 이음교육]
초등학교 1학년 교실 속 수업 이야기

한글 놀이로 차근차근 한글을 배워나가요.

유아 문해력 구성요소 중 하나인 기초 읽기는 관습적인 읽기로 발달해 가는 과정에서 나타나는 초보적인 읽기 능력입니다. 초등학교에 입학 후 읽기는 관습적인 읽기로 특히 1~2학년의 읽기는 한글을 깨치고, 읽는 활동을 통해 글을 이해할 수 있는 기초적인 읽기 능력을 갖추는 데 중점을 두고 있습니다.

2022 개정교육과정에서는 1학년 학생들의 한글 학습의 기초를 닦기 위해 〈한글 놀이마당〉을 신설하였습니다. 글자 놀이, 모음자 놀이, 자음자 놀이를 통해 한글을 배우며 글자를 배우는데 흥미를 갖도록 하고 있습니다.

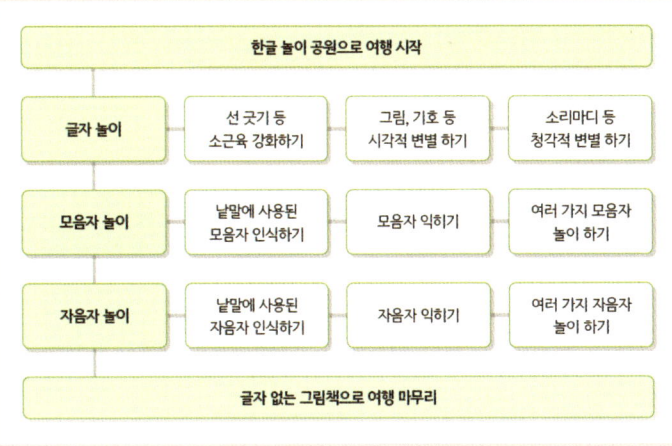

[1학년 국어과 한글 놀이마당 구성]

자음자, 모음자의 소릿값을 알며 자연스럽게 글자를 읽으며 이후 문장, 짧은 글을 정확하게 소리 내어 읽을 수 있도록 순차적으로 지도합니다. 읽기 유창성을 위하여 교사가 읽어준 내용을 따라 읽거나 글자를 보고 소리 내어 읽는 연습을 꾸준히 할 수 있도록 하고 있습니다.

따라 읽기

그림책 소리 내어 읽기

| 음운론적 인식 | 이야기 이해력 | 어휘력 | 소근육 운동 | 기초 읽기 | **기초 쓰기** |

[음악-신체]
내가 연필이 되었어요

| 신체운동·건강 | 의사소통 | 사회관계 | **예술경험** | 자연탐구 |

⭐ 놀이 소개
유아들이 직접 연필이 되어 선을 그리고 그림을 그려보는 신체 표현 활동이에요. 음악과 신체 활동을 통합한 기초 쓰기 활동은 유아들이 즐겁게 몰입하면서 자연스럽게 운필력을 키우는데 도움이 될 거예요.

⭐ 놀이 자료
연필 소리 음원

⭐ 놀이 방법
1. 유아들에게 연필을 주제로 수수께끼 놀이를 해요.
2. 만약 우리 몸이 연필이 된다면 어떤 일이 일어날지 이야기를 해봐요.
3. '내가 연필이 되었어요' 신체 활동을 해봐요.
   - 연필이 되어 준비 운동하기(예: 연필심은 머리랍니다. 머리를 움직여 준비 운동 해보아요. 왼쪽에서 오른쪽으로 움직여 보아요. 위에서 아래, 동그라미를 그려봐요.)
   - 연필이 되어 친구 이름이나 쉬운 단어 따라 써보기
   - 친구가 엉덩이로 쓴 글씨 알아맞히기

⭐ **문해력을 높이는 아이들의 톡톡톡**

우리 몸이 연필이 된다면 어떨 것 같나요?

계속 왔다 갔다 해서
너무 힘들 것 같아요!

연필깎이에 깎이면
너무 아플 것 같아요!

연필이 준비 운동하는 방법은 무엇이었나요?

왼쪽에서 오른쪽!
위에서 아래로 움직였어요.

동그라미랑 네모를 그렸어요!

엉덩이가 연필심이 되어
글자를 써본 느낌은 어떤가요?

엉덩이가 움직이는 게 웃겼어요.

동그라미 그릴 때가
제일 재미있었어요.

> **놀이 TIP**
>
> - 글자 쓰는 방향은 유아들이 서 있는 방향을 고려해서 표현해 주세요.
> - 연필이 되어 신체 표현할 때 연필 소리 음원을 사용하면 더욱 즐겁게 몰입하여 활동할 수 있어요.

⭐ **문해력 놀이 확장하기**

- '유모레스크' 음악을 들으며 순서대로 점을 연결해 그림을 그리거나 글자를 써보는 활동이에요.
- 바닥에 분필로 직선, 곡선, 지그재그 선을 그리고 선 따라 걸으며 동물들의 여행 놀이를 해 보아요. (직선-오리처럼 뒤뚱뒤뚱, 곡선-고양이처럼 살금살금, 지그재그-토끼처럼 깡총)

리듬에 따라 점 연결 하기

선 따라 동물 여행

★ 가정에서도 할 수 있는 일상 속 문해력 놀이

글자 순서대로 점프

글자를 쓰는 순서에 관심 가지기

점프 놀이를 하며 글자의 획순에 관심을 가져봐요!

준비물
- 색 테이프
- 숫자 스티커

놀이 방법
① 가족과 함께 색 테이프로 바닥에 ㄱ, ㄴ, ㄷ 같은 글자를 크게 붙여요.
② 테이프 글자에 숫자 스티커로 획순을 붙여주세요.
③ 그곳을 지나 갈 때마다 점프하며 순서대로 밟아보세요.

이렇게 했어요!

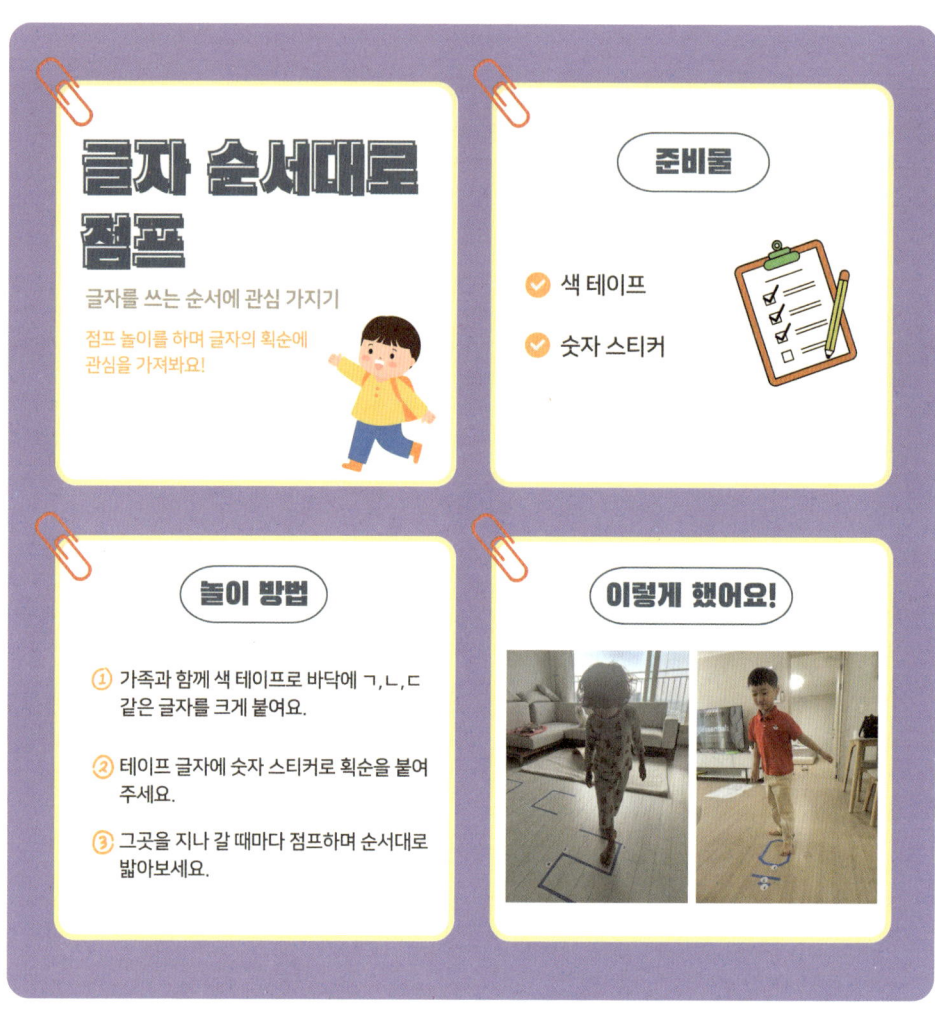

음운론적 인식	이야기 이해력	어휘력	소근육 운동	기초 읽기	**기초 쓰기**

[그림책]
비 오는 날 끄적끄적

신체운동·건강	의사소통	사회관계	예술경험	자연탐구

⭐ 놀이 소개

[너는 누굴까]는 비 오는 날 물방울의 모습을 의성어, 의태어로 표현한 그림책이에요. 그림책을 듣고 어휘에 따른 물방울들의 움직임을 그림으로 보고, 움직임을 상상하며 선으로 표현할 수 있어요. 글자와 비슷한 형태를 그림처럼 선으로 표현해 보는 활동은 유아들이 쓰기에 관해 관심과 흥미를 높일 수 있어요. 어휘와 그림을 활용하여 관습적 글자 쓰기의 바탕이 될 수 있는 끄적이기 활동이에요.

⭐ 놀이 자료

그림책 [너는 누굴까] (안효림 글·그림, 반달), 다양한 쓰기 도구, 전지

⭐ 놀이 방법

1. 그림책을 함께 보고, 무엇을 표현한 것인지 맞춰 봐요. (물방울)
2. 책의 표지를 보여주며, 내가 주인공처럼 줄을 탄다면 얼만큼 얼마나 매달려 있고 싶은지 줄을 긋고 동그라미를 그려봐요.
3. '통, 주르르, 투드득, 뭉쳤다가 떠나는' 과 같은 어휘를 생동감 있게 읽어주면서 어휘에 맞게 쓰기 도구로 표현해요.

⭐ **문해력을 높이는 아이들의 톡톡톡**

 이 책의 표지를 같이 살펴볼까요?

 책이 길어요.

 물방울 안에 사람이 있어요.

내가 주인공처럼 줄을 탄다면
어떻게 매달려 있으면 좋겠나요?

 아주 길게 매달려 있을 거예요.

 네 발로 매달려 있을 것 같아요.

'주르륵'은 어떻게 표현할 수 있을까요?

 위에서 아래로 길게 선을 그려요.

 흘러내리는 것처럼 그려요.

놀이 TIP

- 유아들이 어휘를 듣고 끄적이기 표현을 하기 전에 교사가 어휘를 말하며 시범을 보이면 유아들의 표현을 지원할 수 있어요.
- 교사가 그림책을 생동감 있게 읽어주며 표현할 수 있고, 비오는 날 빗소리를 들으며 표현할 수 있어요.

⭐ 문해력 놀이 확장하기

- 그림책 제목을 다시 지어보고 표지 꾸미기를 해요. 이때 유아들이 다시 지은 제목은 교사가 써 주고 유아들이 따라 쓸 수 있어요.
- 비 오는 날 모습을 관찰하고, 야외에서 빗방울의 모습을 물감과 붓을 활용해서 자유롭게 끄적이고 선 긋기를 해봐요.

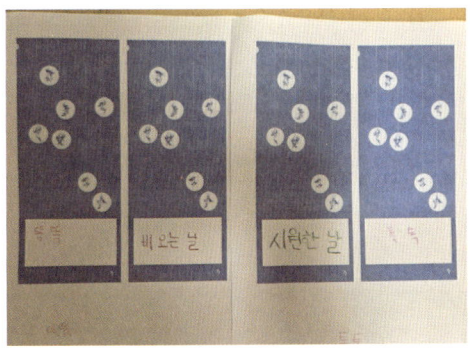

책 표지 꾸미기

붓으로 자유롭게 선 긋기

⭐ **가정에서도 할 수 있는 일상 속 문해력 놀이**

기초 쓰기 활용 추천 그림책!

굵적거리기, 선긋기

부모님과 함께 그림책을 읽고
이야기 나누며 다양한 쓰기도구를 활용하여
굵적거리며 기초쓰기의 연습을 해요.

굵적거리기

✓ [생각연필]은
다양한 색깔을 가진 연필이 동물, 악기 등으로
바뀌는 것을 그림으로 보여주는 그림책이에요.

연필 모양을 활용하여
그림을 그리고,
선긋기에 활용 할 수 있어요.

Q&A
"파란색 연필은
무엇이 될 수 있을까?"

굵적거리기

✓ [끄적이와 쏙쏙이]는
끄적이는 색연필로, 쏙쏙이는 붓으로 그림을 그리면서
서로의 그림에 장난을 치며 다투다가, 색연필 붓을 함께
사용하여 초상화를 완성하는 내용의 그림책이에요.

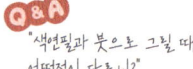

색연필과 붓을 활용하여
다양한 굵적거리기에
활용 할 수 있어요.

Q&A
"색연필과 붓으로 그릴 때
어떤점이 다르니?"

선긋기

✓ [선]은
스케이트를 탄 아이의 움직임이 선으로 표현된
그림책이에요.

주인공의 움직임을 상상하며,
직선과 곡선, 다양한 선을 그어보는
경험을 할 수 있어요.

Q&A
"스케이트를 타고
어떻게 움직였을까?"

| 음운론적 인식 | 이야기 이해력 | 어휘력 | 소근육 운동 | 기초 읽기 | **기초 쓰기** |

[미술]
나만의 로고 디자인하기

| 신체운동·건강 | **의사소통** | 사회관계 | **예술경험** | 자연탐구 |

⭐ **놀이 소개**

주변에서 흔히 볼 수 있는 한글로 된 로고를 관찰하고, 세상에 하나뿐인 나만의 로고를 디자인해 보는 활동이에요. 슈링클스를 활용하여 한글과 그림이 어우러진 나만의 로고를 꾸며보며 쓰기 활동에 흥미를 느끼고 즐겁게 참여할 수 있어요.

⭐ **놀이 자료**

슈링클스 종이, 수성용 마카펜, 오븐레인지 또는 히팅툴, 열쇠고리, 펀치, 가위 등

⭐ **놀이 방법**

1. 주변에서 한글이 쓰인 로고를 찾아보고, 우리 기관의 로고도 함께 관찰해요.
2. 나는 무엇을 위한 로고를 만들고 싶은지 이야기 나누고 디자인해요.
3. 내가 좋아하는 그림, 글자, 모양으로 새로운 재료인 슈링클스 종이에 꾸며봐요.
4. 내가 디자인한 로고에 대해서 함께 이야기 나눠요.

⭐ **문해력을 높이는 아이들의 톡톡톡**

이런 모양의 로고를 본 적이 있을까요?

우리 원의 이름표에요.

멀리서도 어떤 회사인지 알 수 있어요.

나만의 로고에는 어떤 글자가 들어가야 할까요?

나를 나타내는 그림을 그려요.

이름을 쓰고 내가 좋아하는 그림을 그리고 싶어요.

내가 디자인한 로고를 친구들에게 소개해 볼까요?

제가 만든 로고는 행운을 주는 무지개에요.

사랑이 하트니까 하트를 그려서 마음을 표현했어요.

놀이 TIP

- 열을 가하면 색이 진해지고 딱딱해지는 새로운 재료를 활용하여 쓰기 활동에 흥미를 높일 수 있어요.
- 비치는 종이에 로고를 따라 그리거나 자유롭게 끄적이며 쓰기에 관심을 가지도록 지원해요.

⭐ **문해력 놀이 확장하기**

- 빛을 비추면 보이고 빛을 비추지 않으면 보이지 않는 비밀펜을 이용해서 생각한 단어나 하고 싶은 이야기를 그림으로 표현해요.
- 단어를 써주면 그 순서를 바꾸어 거꾸로 쓰고 읽으며 글자의 순서와 조합에 관심을 가질 수 있어요.(예: 아기→기아, 축구→구축, 오이→이오)

비밀 그림 그리기

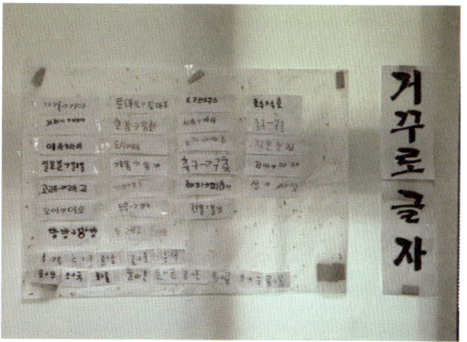

거꾸로 글자

★ 가정에서도 할 수 있는 일상 속 문해력 놀이

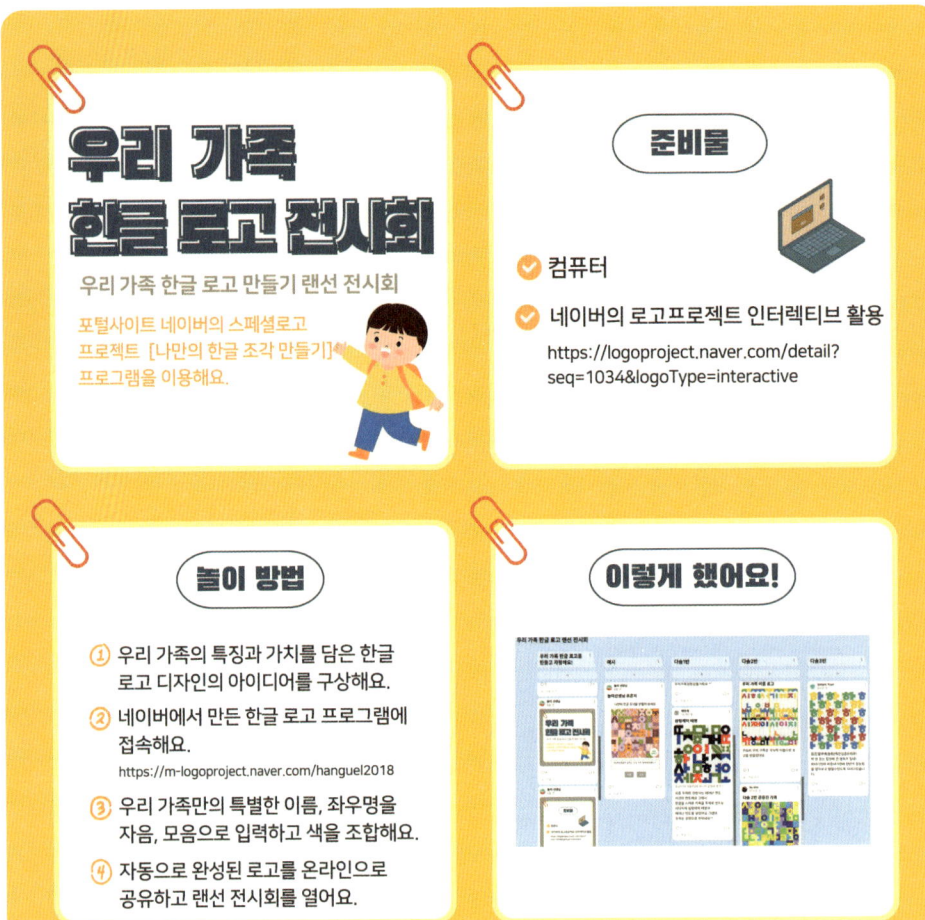

우리 가족 한글 로고 전시회

우리 가족 한글 로고 만들기 랜선 전시회

포털사이트 네이버의 스페셜로고 프로젝트 [나만의 한글 조각 만들기] 프로그램을 이용해요.

준비물

- 컴퓨터
- 네이버의 로고프로젝트 인터렉티브 활용
  https://logoproject.naver.com/detail?seq=1034&logoType=interactive

놀이 방법

1. 우리 가족의 특징과 가치를 담은 한글 로고 디자인의 아이디어를 구상해요.
2. 네이버에서 만든 한글 로고 프로그램에 접속해요.
   https://m-logoproject.naver.com/hanguel2018
3. 우리 가족만의 특별한 이름, 좌우명을 자음, 모음으로 입력하고 색을 조합해요.
4. 자동으로 완성된 로고를 온라인으로 공유하고 랜선 전시회를 열어요.

이렇게 했어요!

| 음운론적 인식 | 이야기 이해력 | 어휘력 | 소근육 운동 | 기초 읽기 | **기초 쓰기** |

[자연물]
공벌레가 그린 그림

| 신체운동·건강 | **의사소통** | 사회관계 | **예술경험** | **자연탐구** |

⭐ 놀이 소개

땅에서 볼 수 있는 공벌레, 개미 등의 곤충이 지나가는 길을 나뭇가지나 돌을 활용하여 같이 따라가는 보는 활동이에요. 교실로 데려온 곤충의 움직임을 관찰하며, 곤충이 움직이는 길을 펜으로 그어보며, 선을 따라 긋는 활동에 관심을 가질 수 있어요.

⭐ 놀이 자료

공벌레, 나뭇가지, 흰 도화지, 마카펜

⭐ 놀이 방법

1. 땅에서 기어 다니는 공벌레를 찾아봐요.
2. 공벌레가 지나가는 길을 관찰하며, 나뭇가지를 이용하여 공벌레를 따라가요.
3. 흰 도화지에 공벌레를 올려 마카펜으로 공벌레의 움직임을 따라가며 그려봐요.
4. 공벌레가 그린 그림을 보며 친구들과 이야기를 나눠요.

⭐ **문해력을 높이는 아이들의 톡톡톡**

 친구들, 여기 공벌레를 발견했어요!

 제 손에서 기어가고 있어요.

 공벌레가 옆으로 갔다가 위로 가고 있어요.

우리 공벌레가 어떻게 움직이는지 관찰해볼까요?

 공벌레가 가는 길을 따라가고 싶어요.

 나뭇가지로 공벌레를 따라가니 선이 생겼어요!

교실에서 공벌레가 어떤 그림을 그리는지 펜으로 따라가 볼까요?

 공벌레가 옆으로 가요. 나도 펜으로 따라가고 있어요.

 공벌레를 따라가니 멋진 그림이 되었어요.

놀이 TIP

- 공벌레나 개미 등 주변에서 쉽게 볼 수 있는 곤충들을 따라가 봐요.
- 자연에서 선 긋기를 할 수 있는 다양한 재료(나뭇가지, 돌 등)들을 찾아봐요.
- 종이 위에 다양한 필기도구를 이용하여 따라 그리며, 기초 쓰기를 경험할 수 있어요.

⭐ **문해력 놀이 확장하기**

- 흙과 손가락을 이용하여 다양한 쓰기를 경험해요. 끄적이기부터 선 그리기, 모양 만들기, 내 이름 써보기 등의 활동을 해요.
- 여러 가지 색깔 분필을 이용하여 바닥에 그림을 그려요. 내가 좋아하는 그림을 자유롭게 그려봐요.

흙으로 끄적이기

분필로 바닥 그림 그리기

★ 가정에서도 할 수 있는 일상 속 문해력 놀이

쌀과 쌀을 이어요

쌀과 쌀을 이어 그림 그리기

집에 있는 쌀을 이용하여 쓰는 경험을 해봐요!

준비물
- 쌀
- 종이
- 필기도구

놀이 방법
1. 종이 위에 쌀을 올려 놓아요.
2. 쌀과 쌀이 만나도록 필기 도구를 이용하여 연결해요.
3. 쌀과 쌀을 이으며, 다양한 모양을 만들어봐요.
4. 가족들과 어떤 그림이 완성되었는지 이야기를 나눠요.

이렇게 했어요!

| 음운론적 인식 | 이야기 이해력 | 어휘력 | 소근육 운동 | 기초 읽기 | **기초 쓰기** |

[환경 인쇄물]
상상으로 바꾸는 제목

| 신체운동·건강 | **의사소통** | 사회관계 | **예술경험** | 자연탐구 |

⭐ 놀이 소개

　공연 포스터의 그림과 글자를 관찰하며 상상한 내용을 바탕으로 새로운 제목을 만들어 써보는 활동이에요. 유아들이 글자의 형태와 의미에 관심을 가지고, 간단한 단어 쓰기를 통해 기초 쓰기 능력을 자연스럽게 키울 수 있어요.

⭐ 놀이 자료

여러 가지 공연 포스터 그림 자료, 도화지, 채색 도구

⭐ 놀이 방법

1. 제목을 가린 공연 포스터의 그림을 보며 어떤 내용일지 이야기 나눠요.
2. 포스터 제목 중 일부를 없애고 새롭게 제목을 지어봐요.
3. 내가 만든 포스터 제목을 친구들에게 소개해요.
4. 새로운 제목과 어울리는 그림을 추가하여 그린 뒤 포스터 전시회를 열어요.

문해력을 높이는 아이들의 톡톡톡

이 포스터를 보니 제목 빈칸에 어떤 말이 들어갈 것 같나요?

 바나나가 있으니까 바나나꽃인가 봐요!

 아저씨가 빵 만드는 거 아니에요?

이 제목은 어떤 소리로 시작되나요? 그 소리의 글자는 어떻게 생겼나요?

 햄스터니까 '햄'이에요! 'ㅎ'이요!

 딸기는 '딸!'이에요. 따라 써볼래요!

내가 만든 포스터 제목을 친구들에게 소개해 볼까요?

 '가방' 말고 넣을 수 있는 거? 주머니?!

 캐치OO핑 노래에 나와요! '애교'라는 말이요.

놀이 TIP

- 유아들이 내용을 알만한 포스터(유명한 유아용 영화, 유아교육기관에서 함께 관람한 공연 등)와 모르는 포스터 두 가지를 활용하면 활동이 더 풍부해져요.
- 쓰기를 어려워하는 유아들을 위해 글씨를 연하게 써주고, 그 위에 진하게 따라 겹쳐 쓰도록 해요.

★ 문해력 놀이 확장하기

- 유아가 만든 공연 포스터에 맞춰 티켓을 디자인하고, 포스터를 보며 제목을 다시 따라 써보는 활동이에요.
- 재구성한 공연 포스터에 어울리는 홍보 문구를 생각해 보고, 포스터에 추가해서 더욱 멋진 포스터를 만들어 봐요.

공연 티켓 만들기

공연 포스터 홍보 문구 만들기

★ 가정에서도 할 수 있는 일상 속 문해력 놀이

상상으로 바꾸는 '책' 제목

그림책의 제목

그림책의 제목을 살펴본 뒤 새롭게 바꿔요.

준비물
- 유치원 또는 도서관에서 대여한 책
- 활동지

놀이 방법
1. 유치원/도서관에서 유아가 직접 대여한 책을 함께 읽어요.
2. 책 제목의 단어 일부를 새로운 단어로 바꿔요. (e.g. '벚꽃팝콘' → 벚꽃샐러드, 개나리팝콘)
3. 책 내용과 관련된 아주 새로운 제목을 지어봐도 좋아요.

✱ 활동지에 글씨를 쓸 때 어려워하면 한 글자씩 알려주거나 흐릿하게 써준 뒤 따라쓰도록 해요.

이렇게 했어요!

[유-초 이음교육]
초등학교 1학년 교실 속 수업 이야기

한글 쓰기는 모음, 자음 획순에 맞춰 바르게 쓰는 연습부터 시작해요.

초등학교 1~2학년의 국어과 쓰기의 성취기준을 살펴보면 학생들이 무엇을 수행해야 할 수 있는지 알 수 있습니다. 특히 1학년 국어과에서는 글자와 단어를 바르게 쓰기 위해 자음과 모음을 획순에 맞춰 쓰는 것부터 연습합니다. 자음자와 모음자가 획순에 맞춰 쓰는 것이 충분히 이루어지지 않는 경우 이후에 글자를 쓸 때 어려움을 겪게 되기 때문에 충분히 연습하도록 합니다.

자음과 모음이 만나 글자를 만드는 과정을 이해하며 글자를 본격적으로 쓰는 활동을 합니다. 받침이 없는 글자부터 받침이 있는 글자 쓰기로 순차적으로 진행합니다. 글자와 단어 쓰기 이후 학생들은 문장 쓰기, 그림일기 쓰기 등으로 확장하며 점차 쓰기에 흥미를 갖고 자기 생각이나 느낌을 표현할 수 있도록 하고 있습니다.

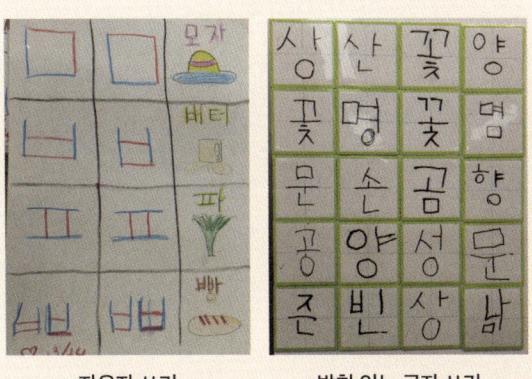

자음자 쓰기   받침 있는 글자 쓰기

3
수리력 쑥! 유아 놀이

| 수와 수량 | 공간·위치·방향 | 도형 | 기초적인 측정 | 규칙성 | 자료수집과 결과 |

[음악-신체]
손가락 과자 냠냠

| 신체운동·건강 | 의사소통 | 사회관계 | 예술경험 | 자연탐구 |

⭐ 놀이 소개
전래동요 '별 하나 꽁꽁'의 말 리듬에 맞춰 유아들이 좋아하는 과자를 손가락에 끼우며 놀이하는 수 경험 활동이에요. 손가락에 끼우는 과자의 개수를 세어보는 과정을 통해 구체물을 활용한 수 세기 능력을 향상할 수 있어요.

⭐ 놀이 자료
별 하나 꽁꽁(=별 하나 나 하나, 전래동요), 손가락에 끼울 수 있는 과자

⭐ 놀이 방법
1 노래('별 하나 꽁꽁' 말 리듬)를 부르며 손가락에 과자를 끼워봐요.
   노래 가사 : 교사—과자 하나(손가락에 끼우며) 유아—과자 하나(손가락에 따라 끼우며)
   —중략—
   교사—과자 다섯(손가락에 끼우며) 유아—과자 다섯(손가락에 따라 끼우며)
2 손가락 과자를 이용하여 다양한 방법으로 놀이해 봐요.
   – 노래를 따라 부르며 과자 먹기(예: 교사—과자 냠냠, 유아—과자 냠냠)
   – 짝과 '가위바위보' 해서 진 사람이 이긴 사람에게 과자 나눠주기

⭐ 수리력을 높이는 아이들의 톡톡톡

냠냠~ 과자를 한 개 먹었어요.
이제 몇 개 남았나요?

4개요!

그런데 왜 한쪽 손만 하는 거예요?
양손 다 과자를 끼우고 싶어요!

짝꿍 친구와 과자를 합치면 모두 몇 개인가요?
(차이는 얼마 인가요?)

7개요!

1개 더 적어요.

'가위바위보'를 해서 이긴 친구는
1개 더 받아서 몇 개가 되었나요?

친구가 줘서 4개가 되었어요.

저는 5개였는데 친구에게
하나 줘서 4개가 되었어요.

> **놀이 TIP**
> - 유아들의 흥미에 따라 다섯 손가락 과자 놀이에서 짝과 함께하는 열 손가락 과자 놀이로 확장해서 놀이해요.
> - 과자 대신 '미니링 밴드'를 사용해서 '반지 끼우기' 놀이를 해도 좋아요.

⭐ **수리력 놀이 확장하기**

- 빈 깡통이나 상자를 이용한 '초코볼 마라카스'를 만들어 봐요. 마라카스 소리를 듣고 몇 개의 초코볼이 들어있을지 알아맞혀 봐요.(예: "2보다는 많이 들었어요", "5보다는 적게 들었어요")
- 일대일 대응을 경험할 수 있는 '의자 뺏기' 응용 놀이예요. 기후 변화로 인해 추운 지방에 사는 동물들의 서식지가 사라진다는 내용을 담아서 놀이해 봐요.(예: 의자-얼음으로 이루어진 땅, 유아-북극 동물들)

초코볼 마라카스

사라지는 얼음 의자

★ 가정에서도 할 수 있는 일상 속 수리력 놀이

내가 만든 숫자 도시락

수와 수량에 관심 가지기

내가 좋아하는 간식을 접시나 도시락에 담아 숫자픽을 꽂고 맛있게 먹어 봐요!

준비물
- 도시락이나 접시
- 간식
- 숫자픽(0~9)

놀이 방법

① 도시락(간식 접시)에 내가 먹고 싶은 간식을 담아요.(예: 딸기 3개, 쿠키 2개)

② 간식에 수 만큼 숫자픽을 꽂아요.
   (예: 딸기 숫자픽 3, 쿠키 숫자픽 2)

③ 다양한 수 놀이를 하며 맛있게 간식을 먹어요.
   "딸기와 쿠키를 모두 더하면 몇 개일까?"
   "딸기는 쿠키보다 몇 개 더 많을까?"
   (더 적을까?)

이렇게 했어요!

| 수와 수량 | 공간·위치·방향 | 도형 | 기초적인 측정 | 규칙성 | 자료수집과 결과 |

[그림책]
숫자로 만든 이야기

| 신체운동·건강 | 의사소통 | 사회관계 | 예술경험 | 자연탐구 |

⭐ 놀이 소개

[한 마리 여우]는 숫자와 그림책 내용을 연결하여 만든 그림책이에요. 유아들이 숫자의 개수를 생각하며 이야기를 지어 볼 수 있는 활동이에요. 자신이 지은 내용을 숫자에 맞게 그림으로 표현하면서 수와 수량을 알 수 있어요.

⭐ 놀이 자료

그림책 [한 마리 여우] (케이트 리드 글·그림, 이루리 옮김, 북극곰), 숫자 카드, 종이, 채색 도구

⭐ 놀이 방법

1. 그림책을 보며 숫자와 그림을 연결해 봐요.
2. 유아들이 숫자 카드를 뽑아요.
3. 숫자카드를 뽑은 순서대로 동그랗게 앉아요.
4. 자신의 숫자를 넣어 차례대로 이야기를 지어요.
5. 지은 이야기를 묶어 교사가 책처럼 만들어줘요.
6. 각자 지은 내용에 알맞은 그림을 그려요.

⭐ 수리력을 높이는 아이들의 톡톡톡

어떤 숫자를 뽑았나요?
숫자를 뽑은 순서대로 앉아보세요.

2를 뽑았어요.

3 다음에 4번이 와야 해요.

2를 뽑았는데 어떤 이야기를 지을 수 있을까요?

귀가 두 개인 토끼가 있었어요.

토끼가 아이스크림을 두 개 샀어요.

나비는 4개라고 할까요?
어떻게 말하면 좋을까요?

네 마리라고 해요.

나비 네 마리가
날아가고 있었어요.

> **놀이 TIP**
> - 이야기를 지으며 각 수량을 나타낼 때 사용하는 단위를 사용할 수 있도록 지원해요.
> - 처음에는 앞의 내용과 이어지지 않게 이야기를 짓지만, 여러 번 해보는 경험을 통해 앞의 내용과 연결되는 이야기를 지을 수 있어요.

⭐ **수리력 놀이 확장하기**

- 숫자 블록을 활용하여 숫자와 비슷한 것이 무엇인지 이야기하고 숫자 연결 그림을 그려요.
- 팀을 정하여 숫자 순서대로 먼저 도미노를 완성하는 게임이에요.

숫자 연결 그림

숫자 도미노

⭐ **가정에서도 할 수 있는 일상 속 수리력 놀이**

수와 수량 활용 추천 그림책!

숫자, 수량, 단위명사

부모님과 함께 그림책을 읽으며, 숫자에 관심을 가져요.

숫자

✅ [인생을 숫자로 말할 수 있나요?]는 90살 할아버지 할머니의 인생을 숫자로 수치화 해서 표현한 그림책이에요.

할아버지, 할머니를 떠올리며 큰 수가 있다는 것을 알 수 있어요.

Q&A 할아버지 생신 때 초를 몇개 꽂았었지?

수량

✅ [욕심쟁이 개의 숫자놀이]는 열마리의 개가 소세지를 나눠먹는 것을 재미있게 표현한 그림책이에요.

소세지가 몇개 남았는지, 어디로 갔는지 이야기하며 덧셈 뺄셈도 경험 할 수 있어요.

Q&A 소세지는 몇개 남았을까?

단위

✅ [안녕하세요!]는 난민들에 관한 이야기를 숫자로 이야기 하며 물건을 셀 때 물건마다 달라지는 단위 명사를 표현하는 그림책이에요.

숫자를 익힐 수 있으며, 물건에 따라서 어떤 단위를 사용하는지 알 수 있습니다.

Q&A 우리 몸에서 두개인 것은 또 무엇이 있을까?

| 수와 수량 | 공간·위치·방향 | 도형 | 기초적인 측정 | 규칙성 | 자료수집과 결과 |

[디지털]
몸으로 말해요. 1, 2, 3

| 신체운동·건강 | 의사소통 | 사회관계 | 예술경험 | 자연탐구 |

⭐ 놀이 소개

구글의 인공지능 인공지능 기반 플랫폼 '스크루블리'를 활용하여 1부터 10까지의 숫자를 몸으로 표현해 보는 활동이에요. 숫자의 모양과 특징을 떠올리면 신체로 표현하는 과정을 통해 창의력과 표현력을 키우고 숫자의 모양과 특성에 흥미를 높일 수 있어요.

⭐ 놀이 자료

인공지능 기반 플랫폼 스크루블리(https://www.scroobly.com/), 웹캠, 태블릿 PC, 스마트 TV, 컴퓨터

⭐ 놀이 방법

1. 웹캠을 활용하여 스크루블리 놀이를 충분히 해봐요.
2. 1부터 10까지의 숫자 모양과 특성에 대해 이야기 나눠요.
3. 1부터 10까지의 숫자를 신체로 어떻게 표현할 수 있는지 이야기를 나눠요.
4. 스크루블리를 실행하여 원하는 캐릭터를 선택한 후, 1부터 10까지의 숫자를 몸으로 표현해요.
5. 촬영하여 영상으로 만든 후 친구들과 함께 감상해요.

⭐ **수리력을 높이는 아이들의 톡톡톡**

숫자 '6'과 같은 모양을 우리 주변에서 찾아볼까요?

선생님, 여기 '국자'가 숫자 '6' 같아요.

이렇게 이렇게 뒤집으면 '9' 같아요.

우리 같이 스크루블리와 함께 몸으로 숫자를 만들어 볼까요?

○○이가 만든 숫자는 '8' 같아요.

나는 다리를 꺾고 고개를 옆으로 살짝 숙여서 '2'를 만들 거에요.

친구들과 함께 만든 숫자 영상을 감상해 보니 어땠나요?

그림의 표정이 친구랑 똑같아서 재미있었어요.

저는 '1'을 만들 때 팔을 높이 들었는데, ○○이는 팔짱을 껴서 달랐어요.

> 놀이 TIP
>
> - 스크루블리 동작을 녹화하기 전, 나의 동작이 스크루블리가 따라할 수 있는 동작인지 미리 확인해요.
> - 나만의 스크루블리 캐릭터를 그릴 수 있어요. 팔과 다리의 끝에 손과 발을 그리면 동작이 더 정확하게 보여요.

⭐ 수리력 놀이 확장하기

- 'Udio(http://www.udio.com)'를 활용하여 나만의 숫자 송을 만들어 볼 수 있어요. 본 활동에서 탐색해 본 숫자의 특성을 담아 가사로 만든 후 스크루블리로 표현한 숫자 동작들을 담아 우리들의 숫자 송 뮤직비디오를 만들어 봐요.
- 카메라 스톱모션 기능을 활용하여 숫자 영상 이야기를 만들어 봐요. 한 꼬마, 두 꼬마, 세 꼬마 인디언 노래를 변형하여 피규어가 한 개씩 늘어나는 과정을 보여주면서 수량을 경험하는 멀티 동화를 만들어 볼 수 있어요.

1,2,3 숫자송 뮤직비디오   한 꼬마 두 꼬마 세 꼬마 이야기

⭐ **가정에서도 할 수 있는 일상 속 수리력 놀이**

스크루블리 (scroobly)
놀이로 배우는 인공지능, 스크루블리를 소개해요

스크루블리란?
- 카메라를 통해 사용자의 움직임을 인식하여 화면에 표현해주는 프로그램
- 자신의 동작이 그림이나 영상으로 구현되며 창의적 사고와 표현력을 기를 수 있어요.

준비물
- 인공지능 기반 플랫폼 '스크루블리' (https://www.scroobly.com/)
- 스마트폰 혹은 태블릿pc

활용 방법
1. 스쿠르블리에 접속하여 [start]를 클릭한 후, 안내에 따라 캐릭터를 생성해요.
2. 화면에 내 모습이 보이면 몸을 움직여보면서 캐릭터가 내 몸의 움직임에 맞춰 잘 움직이는지 확인해요.
3. [Make your own]을 클릭한 후, 스케치 파일을 저장하여 나만의 움직이는 캐릭터를 만들어요.

| 수와 수량 | 공간·위치·방향 | 도형 | 기초적인 측정 | 규칙성 | 자료수집과 결과 |

[자연물]
솔방울 숫자 마을

| 신체운동·건강 | 의사소통 | 사회관계 | 예술경험 | 자연탐구 |

⭐ 놀이 소개

주사위를 던져 나온 수만큼 솔방울을 가져와서 1부터 6까지 있는 솔방울 숫자 마을을 완성하는 활동이에요. 주사위의 숫자만큼 솔방울의 개수를 확인하며, 수와 수량의 의미를 이해할 수 있어요.

⭐ 놀이 자료

여러 가지 자연물, 숫자 원 마커, 솔방울 42개, 솔방울 숫자 마을 판

⭐ 놀이 방법

1. 숫자 1부터 10이 쓰인 원 마커의 수량만큼 같은 자연물(숫자 1: 돌 1개, 숫자 2: 꽃 2개 등)을 찾은 후 올려 놓아요.
2. 땅에 떨어진 솔방울을 함께 모아요.
3. 두 팀으로 나누어 솔방울이 그려진 주사위를 차례대로 던져요.
4. 주사위에 나온 숫자만큼, 솔방울을 가져와 숫자 마을을 완성해요.
5. 나와 같은 팀이 가져온 솔방울 숫자가 나오는 경우 솔방울을 가져오지 못하며, 1부터 6까지의 숫자 마을을 먼저 완성한 팀이 이기는 게임이에요.

⭐ **수리력을 높이는 아이들의 톡톡톡**

자연물을 모아 숫자 1부터 10까지 찾아볼까요?

선생님 여기 솔방울이 엄청 많아요. 10개도 넘어요.

일, 이, 삼, 사, 오, 육, 칠, 팔, 구, 십! 솔방울 열 개 찾았어요.

주사위를 던져 솔방울 숫자 마을을 완성해 볼까요?

숫자 1이 나왔어요. 솔방울 1개를 가져와야 해요

숫자 6이 또 나왔어요. 그러면 솔방울을 못 가져와요.

숫자 마을 놀이를 해보니 어땠나요?

우리 팀이 먼저 솔방울로 숫자 마을을 완성했어요.

솔방울 엄청 많이 모아서 100개 숫자 마을을 만들고 싶어요.

놀이 TIP

- 꼭 솔방울이 아니더라도, 기관 주변에 많이 있는 자연물로 대체할 수 있어요.
- 어린 유아의 경우, 주사위에 숫자와 함께 솔방울 수량을 함께 표시해 주어요.
- 수나 수량에 익숙해지면, 주사위 2개를 준비하여, 더 많은 수의 놀이를 지원해요.

⭐ **수리력 놀이 확장하기**

- 자연물(도토리, 밤, 대추 등)로 공기놀이를 해요. 1단은 한 개를 잡고, 2단은 2개, 3단은 3개, 4단은 4개, 5단에서는 손등에 올린 자연물의 수량을 말해요.
- 자연물이 그려진 그림 카드를 이용하여 같은 종류의 자연물이 5개가 모이면, 종을 치는 게임이에요. 종을 치는 데 성공하면 카드 더미를 가져올 수 있어요.

자연물 공기놀이

자연물 할리갈리

⭐ **가정에서도 할 수 있는 일상 속 문해력 놀이**

숫자 숨바꼭질

집에 있는 숫자 찾기

숫자와 비슷한 모양의 물건을 생활에서 찾아봐요.

준비물
- ✅ 포스트잇
- ✅ 싸인펜
- ✅ 생활 속 물건들

놀이 방법
① 1부터 10까지 숫자를 포스트잇에 써요.
② 가족들과 함께 생활 속에 있는 물건을 유심히 관찰해요.
③ 꼭꼭 숨어있는 숫자와 비슷한 모양의 생활 속 물건을 찾아봐요.

이렇게 했어요!

| 수와 수량 | 공간·위치·방향 | 도형 | 기초적인 측정 | 규칙성 | 자료수집과 결과 |

[환경 인쇄물]
비밀금고를 열어라!

| 신체운동·건강 | 의사소통 | 사회관계 | 예술경험 | 자연탐구 |

⭐ 놀이 소개

차량 번호판에 적힌 숫자를 관찰하며 숫자를 조합해 보는 활동이에요. 유아들이 일상에서 익숙하게 접하는 자동차 번호를 관찰하며 숫자에 대한 흥미를 자연스럽게 느끼고, 수의 조합을 자연스럽게 경험할 수 있어요.

⭐ 놀이 자료

미션카드(차량 일부가 찍혀있는 힌트 사진), 필기도구, 비밀금고, 간식 등 작은 선물

⭐ 놀이 방법

1. 미션카드의 사진 힌트를 보고 정답 차량을 찾아보아요.
2. 발견한 정답 차량의 번호판을 보고 미션카드에 따라 적어요.
3. 미션카드에 적은 4자리 숫자를 친구와 함께 조합해 봐요.
4. 조합한 비밀번호를 금고에 입력해 보며 맞는 비밀번호를 찾아요.
5. 비밀번호를 맞게 입력하면 준비된 선물을 줘요.

수리력을 높이는 아이들의 톡톡톡

미션카드를 보고 정답 자동차를 찾아 번호판 숫자를 순서대로 써볼까요?

 이 번호판은 2로 시작해요.

 4 다음에 5가 아니라 3이에요!

이 숫자들의 순서를 바꿔보면 어떤 새로운 숫자가 나올까요?

 안 들어간 숫자가 뭐예요? 3, 4….

 3, 4, 5, 2…, 오이다 오이!

숫자를 어떻게 바꾸면 좋을까요?

 1이 두 번 나왔으니까 바꿔야 해요.

 어? 이거 두 개 똑같다. 다른 번호가 또 있나 봐요!

놀이 TIP

- 숫자가 모두 다른 차량번호를 조합하면 24가지의 경우의 수가 나와요. 모두 입력하기 어려운 경우 비밀번호 1, 2개 정도 정답을 알려주어 난이도를 조절해요.(정답 1개 공개 (예) 9_ _ _) → 비밀번호 경우의 수 6개, 2개 공개 → 2개)

⭐ **수리력 놀이 확장하기**

- 여러 대의 차량번호를 적은 카드를 준비해요. 카드에 적힌 번호 중에서 자기 생일 숫자, 나이, 좋아하는 숫자 등 자신과 관련 있는 숫자를 찾아요.
- 자동차를 자유롭게 꾸미고 내 생일의 월, 일이나 전화번호 등을 이용해 자동차 번호판을 만들고 친구에게 소개해요.

숫자 친구를 찾아요

내가 만든 번호판

⭐ **가정에서도 할 수 있는 일상 속 문해력 놀이**

4자리 숫자 사냥

우리 주변의 숫자들

우리 주변의 4자리 숫자들은 어떻게 사용되고 있을까요?

준비물
✅ 주변을 살펴보는 관찰력!

놀이 방법
① 주변에서 숫자가 쓰이는 상황들을 생각해봐요.
② 등하원길, 산책, 나들이 등 주변을 돌아다닐 때 4자리 숫자를 찾아봐요.
③ 4자리 숫자가 왜 사용되었는지 부모님과 함께 알아봐요.

이렇게 했어요!

- 광주시 부정·불량식품 신고 1399 → 전화번호에요!
- 2025년 방과후 하원 → 몇 년도인지 알려줘요
- 연가입 10.28~ → 날짜를 가리켜요

[유-초 이음교육]
초등학교 1학년 교실 속 수업 이야기

1학년때는 100까지의 수를 배워요.

'수' 개념은 학생들의 삶과 바로 연결됩니다. 우선 1학년 학생들에게 자신의 반과 번호를 기억하는 것은 학교생활에 적응하는 데 큰 도움이 됩니다. 이렇게 수는 일상생활에서 매우 중요한 개념입니다.

2019 개정 누리과정	1학년 수학	2학년 수학
물체를 세어 수량 알아보기	1학기: 50까지의 수 2학기: 100까지의 수	1학기: 세 자리 수 2학기: 네 자리 수

1학년 수학 교과서에서는 가장 먼저 1부터 9까지의 수와 0을 배우며, 사물의 양을 표현하는 방법을 가르칩니다. 학생들은 한 자리 수 범위에서 1씩 더 큰 수나 작은 수를 찾아보고 두 수의 크기를 비교하는 활동을 합니다. 이 과정에서 '크다', '작다'와 같은 표현을 사용합니다. 한 자리 수 세기는 이후 수 세기 활동의 기초가 되므로, 학생들이 충분히 이해할 수 있도록 반복 학습과 다양한 접근법을 사용하여 지도합니다.

수 개념을 가르칠 때는 구체적인 물건을 활용하기도 합니다. 예를 들어, 연결 모형, 바둑돌, 십 배열판 등을 사용하여 학생들이 직접 다뤄보면서 수 개념을 형성할 수 있도록 합니다. 1학년 1학기에는 50까지의 수를 배우고, 2학기에는 100까지 확장합니다. 이러한 기초를 바탕으로 2학년 1학기에는 세 자리 수, 2학기에는 네 자리 수까지 확장하게 됩니다.

바둑알을 활용한 수세기 놀이

핸드폰에서 숫자 찾기

| 수와 수량 | 공간·위치·방향 | 도형 | 기초적인 측정 | 규칙성 | 자료수집과 결과 |

[음악-신체]
방향 따라 달리기

| 신체운동·건강 | 의사소통 | 사회관계 | 예술경험 | 자연탐구 |

⭐ **놀이 소개**

신체활동을 통해 방향 감각을 키우는 놀이 활동이에요. 유아들은 교사가 안내하는 방향에 따라 앞, 뒤, 오른쪽, 왼쪽으로 달리기를 해보며 방향 감각을 증진 시킬 수 있어요.

⭐ **놀이 자료**

방향 반환점 고깔 4개(앞, 뒤, 왼쪽, 오른쪽), 고깔 번호, 호루라기

⭐ **놀이 방법**

1. 유아들과 모여 앉아 방향에 관해 이야기를 나눠요.
2. 방향 따라 달리기 방법을 알아봐요.
   - 방향 반환점 고깔을 네 군데 설치 후 가운데 출발선 표시
   - 두 명의 유아가 교사 옆 출발선에 서서 준비
   - 호루라기 소리와 함께 교사가 손으로 가리키는 방향으로 달려 반환점을 돌아와 교사와 하이 파이브(예: 교사가 왼쪽 손을 앞으로 가리키면 왼쪽 유아는 앞쪽 반환점 돌아오기, 오른쪽 손을 옆으로 가리키면 오른쪽 유아는 오른쪽 반환점 돌아오기)
3. 활동 후 소감을 나눠요.

⭐ **수리력을 높이는 아이들의 톡톡톡**

친구 앞에(오른쪽에) 있는 고깔은 몇 번 고깔인가요?

1번 고깔이요!

오른쪽 고깔은 4번이에요!

앞, 뒤, 오른쪽, 왼쪽 중 헷갈리는 방향이 있나요?

오른쪽이랑 왼쪽이요.

오늘 달리기를 해서 저는 안 헷갈릴 것 같아요.

방향을 알면 좋은 점은 무엇일까요?

길을 잃어버리지 않아요.

내비게이션을 잘 봐서 어디든지 잘 찾아갈 수 있어요.

놀이 TIP

- 방향 미션을 줄 때 왼쪽 유아와 오른쪽 유아가 부딪히지 않도록 조심해서 활동해요.
- 놀이 활동에 익숙해지면 두 가지 방향 미션을 제시할 수도 있어요.(예: 앞-왼쪽 반환점 돌아오기)
- 기준에 따라 방향이 달라질 수 있음을 놀이를 통해 경험하도록 지원해요.

★ 수리력 놀이 확장하기

- 술래 유아가 눈을 감고 소리를 통해 방향과 위치를 추리하여 친구를 잡는 놀이를 해요. (술래-안대 착용, 나머지 친구들-발목 방울 착용)
- 우리 동네 동서남북 여행 미션 카드를 뽑은 후 자동차를 타고 여행하는 놀이를 해요.(미션 카드 예: 동-백운산 둘레길 돌아오기, 서-평택항에서 낚시하기 등)

눈감고 술래잡기

우리 동네 동서남북 여행

★ 가정에서도 할 수 있는 일상 속 수리력 놀이

방향 따라 춤춰요

위치와 방향에 관심 가지기

노래를 부르며 앞, 뒤, 위, 아래로 몸을 신나게 움직여 봐요.

준비물
- 신나는 음악

놀이 방법
① 곰 세마리 노래를 개사해서 방향 춤을 춰보세요.

　〈 방향 따라 춤춰요 〉
　앞으로 두 걸음 뒤로 두 걸음
　오른쪽 쿵! 왼쪽 쿵! 한 바퀴 돌아요
　손을 위로 쭉!쭉!쭉! 손을 아래로 톡!톡!톡!
　우리 함께 뛰어보아요(점프)
　으쓱으쓱 잘했다!

② 이번엔 음악에 맞춰 앞, 뒤, 위, 아래로 몸을 움직여 신나게 춤을 춰 봐요.

이렇게 했어요!

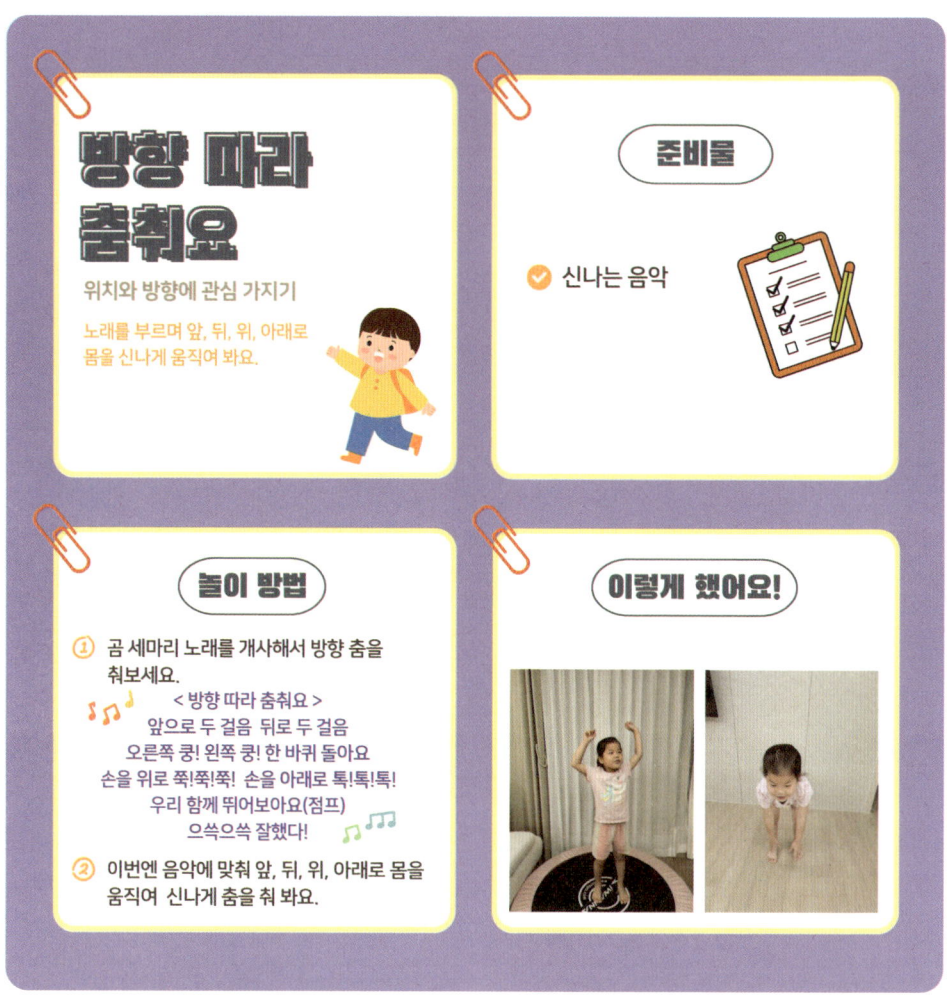

| 수와 수량 | **공간·위치·방향** | 도형 | 기초적인 측정 | 규칙성 | 자료수집과 결과 |

[그림책]
왼쪽, 오른쪽

| **신체운동·건강** | 의사소통 | 사회관계 | 예술경험 | **자연탐구** |

⭐ 놀이 소개

그림책 [왼쪽, 오른쪽]은 왼손, 오른손을 직접 비교하도록 손이 그림으로 제시되어 있고, 왼손 오른손으로 할 수 있는 놀이를 소개해요. 그림책에 나오는 놀이를 직접 해보는 경험을 통해 왼쪽, 오른쪽을 자연스럽게 익힐 수 있어요.

⭐ 놀이 자료

그림책 [왼쪽 오른쪽] (아라이 히로유키 글.그림, 박은희 옮김, 허블베리북스), 북, 장난감 자동차, 인형

⭐ 놀이 방법

1. 왼쪽, 오른쪽이 어떤 쪽일지 이야기 나눠요.
2. 그림책에 나오는 왼손, 오른손 종이 위에 유아들이 손을 올려보고 두 손의 차이점을 관찰해요.
3. 그림책에 나오는 장난감 자동차, 북, 고양이 인형 등을 제공해요.
4. '오른손으로 북을 쳐볼까?', '왼손으로 고양이를 쓰다듬어 주자' 와 같은 지시대로 직접 놀이해요.

⭐ **수리력을 높이는 아이들의 톡톡톡**

왼손이랑 오른손은 어떤 점이 다를까요?

엄지가 다른 쪽에 있어요.

손톱 길이가 달라요.

친구의 지시에 따라 북을 쳐 볼까요?

왼손을 하늘로 올려요.

오른손으로 북을 두 번 쳐요.

오른손으로 자동차를 움직이는데, 오른손을 잊지 않기 위해 어떻게 하면 좋을까요?

오른손에 팔찌를 해요.

밥 먹는 손을 생각해요.

> **놀이 TIP**
> - 유아들이 그림책 속 손 그림에 직접 손을 올려 왼쪽, 오른쪽을 익힐 수 있어요.
> - 유아들이 이쪽, 저쪽이라는 말을 사용할 때 방향에 관한 용어를 사용할 수 있도록 '이쪽이 어느 쪽일까?'와 같은 상호작용을 해요.

⭐ **수리력 놀이 확장하기**

- 왼손, 오른손 손바닥을 찍어 비교하며 왼쪽, 오른쪽을 익힐 수 있어요.
- 돌림판에 왼쪽, 오른쪽, 색깔, 손, 발을 표시하여 돌림판에 나오는 것을 손과 발로 짚어 보아요.

왼손, 오른손 손바닥 찍어 비교하기

손발로 짚어라

★ 가정에서도 할 수 있는 일상 속 수리력 놀이

| 수와 수량 | 공간·위치·방향 | 도형 | 기초적인 측정 | 규칙성 | 자료수집과 결과 |

[디지털]
우리 원에 가는 길

| 신체운동·건강 | 의사소통 | 사회관계 | 예술경험 | 자연탐구 |

⭐ 놀이 소개

코딩로봇과 로드뷰 지도를 활용하여 우리 동네를 탐색하고 경로를 정해보는 활동이에요. 우리 동네에서 가고 싶은 곳을 방문하기 위해서 어떻게 해야 하는지 로봇의 길을 만드는 과정에서 공간·위치·방향에 관심을 가질 수 있어요.

⭐ 놀이 자료

로드뷰 프로그램, 코딩 로봇, 대형종이, 채색 도구

⭐ 놀이 방법

1. 로드뷰와 같은 디지털 지도를 활용하여 우리 동네를 살펴봐요.
2. 우리 원에서 집으로 가는 길 사이에 어떤 건물이 있는지 이야기를 나눠요.
3. 우리 동네 지도를 보며, 우리 원으로 가려면 어떻게 가야하는지 공간·위치·방향을 이야기 나눠요.
4. 큰 종이에 코딩 로봇이 가야 할 길을 그려본 후, 목적지에 잘 도착할 수 있도록 조작해요.

⭐ **수리력을 높이는 아이들의 톡톡톡**

우리 동네에는 무엇이 있나요?

우리 집 옆에는 큰 공원이 있어요.

집에서 우리 원으로 가는 길에 소방서가 있어요.

코딩 로봇이 우리 원을 잘 찾아올 수 있도록 길을 만들어 볼까요?

길을 오른쪽으로 그려야겠어.

우리 원 뒤에는 아이스크림 가게가 있으니 그려야 돼.

이 길을 따라가면 로봇이 어디에 도착할 것 같나요?

우리 원으로 도착해요.

어디로 가야 가깝지? 은행 옆을 돌아서 가야겠어.

> **놀이 TIP**
> - 앞으로, 뒤로, 왼쪽, 오른쪽 개념을 자연스럽게 익힐 수 있도록 지원해요.
> - 개별 미션보다 또래와 상호작용하며 로봇을 사용할 수 있도록 지원해요.

⭐ 수리력 놀이 확장하기

- 전동 범퍼카를 이용하여, 직접 코딩 로봇이 되어 목적지를 찾아가는 활동을 해봐요. 목적지에 도착하려면 어떤 카드 (직진:초록색, 왼쪽:노란색, 오른쪽:파란색, 멈춤:빨간색)가 필요한지 예측해 보고, 순서에 따라 범퍼카를 운전해 봐요.
- 쌓기 블록으로 우리 집에 가는 길을 만들어 봐요. 한 친구는 지도를 보면서 방향을 알려주고 다른 친구는 코딩 로봇이 되어 집에 도착할 수 있어요.

전동 범퍼카

언플러그드 우리 집 가는 길

★ 가정에서도 할 수 있는 일상 속 수리력 놀이

언플러그드 코딩놀이

집에서도 할 수 있는 언플러그드 코딩놀이를 소개해요.

언플러그드 코딩놀이란?

- 디지털 기기 없이도 유아가 놀이를 통해 순서, 논리, 조건, 반복과 같은 기초 코딩 개념을 경험해보는 놀이
- 앞, 뒤, 왼쪽, 오른쪽과 같은 위치와 방향 개념을 자연스럽게 익히고, 도착지까지 움직이는 과정을 계획하고 실행해보며 논리적 사고력, 공간 지각력, 문제 해결력을 기를 수 있어요.

준비물

- 넓은 공간
- 마스킹 테이프
- 보물 쪽지

놀이 방법

① 활동 공간에 마스킹 테이프로 간단한 길을 만들어요.

② 프로그래머(명령을 만드는 역할)와 로봇(명령어를 듣고 수행하는 역할)의 역할을 나누어요.

③ 코딩 명령어를 만들어 코딩놀이를 해요.
 - 앞으로 두칸 이동해요.
 - 보물 쪽지를 주워요.

④ 로봇 역할은 프로그래머가 준 명령대로 움직여 보물을 찾아요.

| 수와 수량 | **공간·위치·방향** | 도형 | 기초적인 측정 | 규칙성 | 자료수집과 결과 |

[미술]
색깔 발자국 댄스

| 신체운동·건강 | 의사소통 | 사회관계 | **예술경험** | 자연탐구 |

⭐ 놀이 소개

바닥에 다양한 색깔의 종이를 붙이고 위, 아래, 오른쪽, 왼쪽에 대한 규칙을 정해 지시에 따라 움직이는 활동이에요. 색에 대한 인식과 몸을 움직이는 신체 활동을 통해 놀이 속에서 공간, 위치, 방향의 개념을 자연스럽게 익힐 수 있어요.

⭐ 놀이 자료

A4색지, 두꺼운 테이프, 방향을 나타내는 그림 카드 또는 PPT 자료

⭐ 놀이 방법

1. 색깔에 따른 방향 규칙을 정하고 색에 따른 화살표를 꾸며 깃발을 만들어요.
2. 내가 만든 깃발을 교사가 말하는 방향 지시에 맞게 올리고 흔들어요.
3. 화면에 나오는 색 화살표를 보고 방향 규칙에 따라 바닥의 색지를 밟아봐요.
4. 음악에 맞추어 색깔에 따른 위치, 방향 규칙을 지키며 신나게 몸을 움직여요.

⭐ **수리력을 높이는 아이들의 톡톡톡**

 색깔별로 방향 약속을 정하고 꾸며볼까요?

 내 깃발은 태극기 깃발이에요.

연두색은 아래로 하고 무지개 화살표로 꾸밀래요.

 선생님이 방향을 말하면 그 방향에 맞는 깃발 색을 올려볼까요?

 '위, 아래, 위, 위, 아래'로 흔들어봐요.

 노란색 왼쪽 깃발끼리 다 모여서 하면 어때요?

색과 방향 규칙을 지키며 신나게 춤춰 볼까요?

 초록색 화살표가 두 번 나오면 아래쪽으로 두 번 점프해요.

음악이 빨라지니까 어려운데 재미있어요.

> **놀이 TIP**

- 활동 시작 전 유아들과 안전 수칙(뛰지 않기, 친구와 부딪히지 않기 등)을 충분히 이야기나눠요.
- 색깔 종이를 코팅해서 미끄럽지 않도록 바닥에 단단히 고정하고 수시로 확인해요.
- 놀이 주제에 따라서 색깔 종이 위에 숫자나 글자, 다양한 그림을 붙여서 연계 활동으로 확장할 수 있어요.

⭐ **수리력 놀이 확장하기**

- 동물 주제일 경우 다양한 동물에 따른 색을 정하고 발자국을 붙여 울음소리나 움직임을 따라 하며 발자국 색깔 위에서 춤을 춰요.
- 색종이에 미션을 그리고 색 테이프로 방향을 표시해서 주사위를 던져 나온 숫자 만큼 몸이 말이 되어 위, 아래 앞, 뒤 옆으로 지시에 따라 움직여요.

동물 발자국 체조

색종이 미션 길 찾기

★ 가정에서도 할 수 있는 일상 속 수리력 놀이

계란판 테트리스

계란판으로 배우는 공간 지각 능력 챌린지

재활용품 계란판을 모양 블록으로 만들어 가족이 함께 게임 즐겨요.

준비물

- 계란판 2개
- 물감, 붓, 물통 등 수채화 도구
- 칼(부모님이 사용해요)

놀이 방법

① 2개의 계란판 중 한 개는 그대로 두고 다른 하나는 테트리스 블록으로 오려요.

② 오린 테트리스 블록 계란판을 물감으로 꼼꼼하게 칠해요.
(물감 칠하기 어려운 경우 색종이나 스티커로 꾸밀 수 있어요.)

③ 물감이 바짝 마르면 그대로 둔 계란판 위에 테트리스 계란판을 맞춰 채우는 게임을 즐겨요.

이렇게 했어요!

| 수와 수량 | **공간·위치·방향** | 도형 | 기초적인 측정 | 규칙성 | 자료수집과 결과 |

[환경 인쇄물]
비상탈출! 안전 길 찾기 게임

| 신체운동·건강 | 의사소통 | **사회관계** | 예술경험 | **자연탐구** |

⭐ 놀이 소개
'비상대피도'를 활용한 보드게임을 통해 공간, 위치, 방향에 대한 개념을 익히는 활동이에요. 실제 유아교육기관 공간의 구조를 활용한 보드게임 놀이를 통해 공간에 대한 감각을 자연스럽게 키울 수 있어요.

⭐ 놀이 자료
비상대피도, 비상대피도 보드게임판(비상대피도 위에 격자무늬 그리고 출발, 도착 지점 설정), 게임말, 숫자 주사위(1, 2, 3이 2개씩 그려져 있는 주사위), 방향 주사위(위, 아래×2, 오른쪽, 왼쪽, 꽝)

⭐ 놀이 방법
1. 우리 원 비상대피도 그림의 의미와 공간에 대해 이야기 나눠요.
2. 팀을 나눈 뒤 방향 주사위와 숫자 주사위를 동시에 굴려 나온 수만큼 해당 방향으로 이동해요.
3. 비상대피도에서 찾을 수 있는 아이콘(소화기-원하는 방향으로 한 칸 더 움직이기, 엘리베이터-1번 쉬기)에 규칙을 정해서 이동해요.
4. 각 팀의 이동 경로를 되짚으며 방향, 선택한 경로 등을 회상해요.

⭐ 수리력을 높이는 아이들의 톡톡톡

 비상대피도에서 무엇이 보이나요?

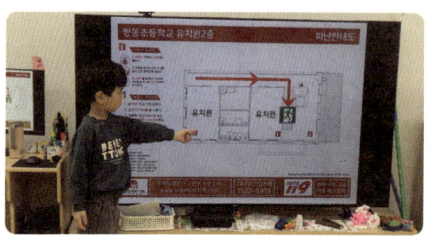

 도담반은 계단 옆이에요.

 제일 큰 곳이 놀이실이에요!

 어느 방향으로 움직여야 할까요?

 아래로 가면 더 빨라요!

 제발 오른쪽이나 아래가 나왔으면 좋겠어요.

 게임 말이 어떤 장소에 도착했나요?

 대피 안 하고 가온반에서 놀고 있나 봐요!

 놀이실에 도착했어요.

> **놀이 TIP**
>
> - 비상대피도를 이용한 보드게임의 격자수는 유아 수준을 고려해서 만들어요. (높은 연령 : 격자수↑)
> - 유아들과 보드게임의 출발지, 도착지를 새롭게 설정하거나 놀이에 필요한 새로운 규칙을 만들어 놀이할 수 있어요.

⭐ **수리력 놀이 확장하기**

– 본 활동에서 활용한 게임판에 보물이 숨겨진 곳을 표시한 뒤 비상대피도 보물 지도를 보며 숨겨진 보물을 찾아봐요.

– 여러 공간에서 불이 난 상황을 가정하여 다양한 대피 경로를 표시해요.

숨은 보물찾기

우리 반 안전지도 만들기

⭐ 가정에서도 할 수 있는 일상 속 수리력 놀이

[유-초 이음교육]
초등학교 1학년 교실 속 수업 이야기

모으기와 가르기 활동부터 연산을 배워나가요.

누리과정에서는 물체를 세어 수량을 살펴보는 내용까지 학습합니다. 따라서 연산은 초등학교 1학년 과정에서 처음 배우게 됩니다. 연산을 배우기 전 학생들은 1부터 9까지의 수를 배워 수에 대한 감각을 키우게 됨으로써 단계적으로 수학을 배울 수 있도록 구성되어 있습니다.

2019 개정 누리과정	1학년 수학	2학년 수학
-	• 한 자리 수의 덧셈과 뺄셈 • (십)+(몇)=(십몇) 계산하기 • (몇)+(몇)=(십몇) 계산하기 • (십몇)-(몇)=(십) 계산하기 • (십몇)-(몇)=(몇) 계산하기	• 두 자리 수 범위의 덧셈과 뺄셈 • 한 자리 수의 곱셈

우리 실생활에서 연산은 매우 중요하게 사용됩니다. 수학 교과서 내용에서도 학생들이 주변에서 쉽게 살펴볼 수 있는 자연물, 일상에서 경험할 수 있는 실천 활동을 예시로 제시하고 있어 우리 실생활과의 연계성을 나타냅니다. 덧셈과 뺄셈을 배우기 전 구체물을 활용하여 모으기와 가르기 활동을 통해 학생들이 연산의 기초를 형성할 수 있도록 합니다. 덧셈과 뺄셈을 연습할 때 연결 모형, 수 모형, 바둑돌과 같은 구체적인 조작물을 활용하여 학습을 도울 수 있도록 하고 있습니다.

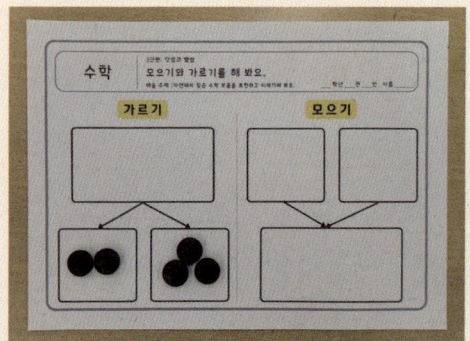
모으기와 가르기 해보기

수 모형으로 연산하기

| 수와 수량 | 공간·위치·방향 | **도형** | 기초적인 측정 | 규칙성 | 자료수집과 결과 |

[음악-신체]
나는 모양 지휘자

| 신체운동·건강 | 의사소통 | 사회관계 | **예술경험** | **자연탐구** |

⭐ 놀이 소개

음악의 다양한 박자와 리듬을 신체 동작으로 표현해 보는 활동이에요. 모양을 이용한 동작(점, 세모, 네모 등)으로 지휘해 보며 음악적 요소와 도형 간의 통합적인 관계를 즐겁게 경험할 수 있어요.

⭐ 놀이 자료

지휘 모습이 담긴 동영상, 편집 음원(고세크 '가보트' (스타카토/점), 베르디 '리골레토' (3박자/세모), 비발디 사계 중 '봄' (4박자/네모), 림스키 코르사코프 '왕벌의 비행' (프레스토/자유롭게), 그림 악보 (점, 세모, 네모), 지휘봉, 무대

⭐ 놀이 방법

1. 지휘자의 모습이 담긴 동영상을 보며 지휘자에 대해 알아봐요.
2. 유아들과 함께 지휘할 음악을 소개하고 들어봐요.
3. 그림 악보(점, 세모, 네모)를 보며 어떤 음악과 어울릴지 이야기 한 후 그림 악보를 따라 지휘해 봐요.

⭐ **수리력을 높이는 아이들의 톡톡톡**

그림 악보 중 '가보트'와
어울리는 그림은 무엇인가요?

점이요!

음악이 톡톡 점찍는 느낌이 들어요!

베르디의 '리골레토' 음악에 맞춰
세모 모양 지휘를 해 보니 어떤가요?

잘 어울려요.

음악이 빨라서
빨리 세모를 그려야 해요.

'왕벌의 비행' 음악을 들으면
어떻게 지휘하고 싶나요?

음악이 엄청 빨라서
빨리 지휘해야 해요.

벌처럼 막 날아다니고 싶어요.

놀이 TIP

- 음악 감상에 사용하는 음악이 여러 곡일 때는 짧게 편집해서 사용해야 유아들이 지루해 하지 않고 집중할 수 있어요.
- 지휘봉이나 나비넥타이와 같은 소품과 무대 배경을 준비해 주면 좋아요.

⭐ 수리력 놀이 확장하기

- 상자 안에 다양한 물건(공, 자석 블록, 세모 모양 블록 등)을 넣고, 손을 넣어 제시 된 카드 모양을 촉감으로 찾아보는 놀이예요.
- 온몸으로 그림자 만들기, 손동작으로 그림자 만들기, 교실 물건 그림자 맞추기 등 다양한 모양으로 그림자놀이를 해요.

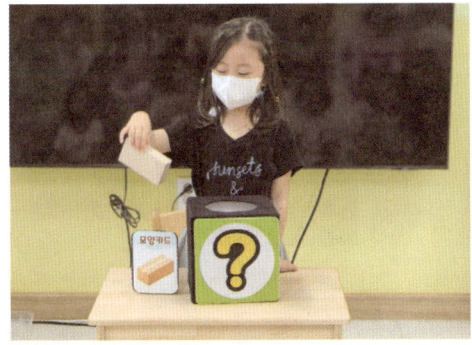

촉감 상자 놀이

모양 그림자놀이

★ 가정에서도 할 수 있는 일상 속 수리력 놀이

반짝 반짝 모양 지휘자

음악과 도형 연결해보기

음악의 박자와 느낌을 나만의 지휘로 표현해 봐요.

준비물
- 편집 음악
  - 가보트
  - 리골레토
  - 사계 '봄'
  - 왕벌의 비행
- 야광스틱

놀이 방법

① 캄캄한 밤! 반짝반짝 야광 지휘봉을 들고 멋진 지휘를 해 봐요.

< 반짝반짝 더욱 빛나는 지휘 비법 >-
- 가보트 : 점을 찍듯이 - -
- 리골레토 : 세모 모양
- 사계 '봄' : 네모 모양
- 왕벌의 비행 : 빠르고 긴박한 느낌으로

② 이번에는 가족들이 좋아하는 노래에 맞춰 자유롭게 지휘 해 봐요.

이렇게 했어요!

| 수와 수량 | 공간·위치·방향 | **도형** | 기초적인 측정 | 규칙성 | 자료수집과 결과 |

[그림책]
무엇이 될까요?

| 신체운동·건강 | **의사소통** | 사회관계 | 예술경험 | **자연탐구** |

⭐ 놀이 소개

[모양들의 여행]은 모양들이 여행을 떠나고 누군가를 만나면서 모양이 나누어지고 또 다른 모양이 되는 것을 상상해 보고 알 수 있는 글 없는 그림책이에요. 그림책을 보며 모양이 나누어지고 합쳐지면서 다른 모양이 되는 것을 알 수 있어요. 직접 모양들을 나누어보고 합치며 새로운 모양을 만들어 보면서 다양한 모양에 관심을 가지고 모양의 특징을 자연스럽게 알 수 있은 활동이에요.

⭐ 놀이 자료

그림책 [모양들의 여행] (크라우디아 루에다 글.그림, 김세희 해설, 담푸스), 모양 색종이, 모양 스티커

⭐ 놀이 방법

1. 그림책에 나오는 모양을 보며 무엇이 될지 추측해 봐요.
2. 그림책에 나오는 다양한 모양의 특징을 살펴봐요.
3. 다양한 모양 종이와 스티커를 활용하여 작품을 만들어요.
4. 자신이 만든 작품의 내용을 소개해요.

⭐ **수리력을 높이는 아이들의 톡톡톡**

 동그라미에서 어떤 모양들이 생겼나요?

 피자 모양이요.

 피자 모양이 빠져서 연꽃잎 모양이 되었어요.

그림책에 나온 모양(물고기, 풍선) 말고 또 무엇이 될 수 있을까요?

 동그랗게 말아서 아이스크림이 되었어요.

 이렇게 접어서 무지개가 되었어요.

어떤 모양이 무엇이 되었는지 소개해 볼까요?

 동그라미랑 피자가 만나서 사람이 되었어요.

피자는 고양이 귀고, 긴 네모는 고양이 수염이 되었어요.

> **놀이 TIP**
>
> - 모양들의 특징을 서로 비교할 수 있는 질문을 통해 각 모양의 특징을 알 수 있도록 해요.
> - 모양 종이를 다양하게 자르고, 자신이 직접 모양을 만들 수 있도록 지원해요.

⭐ **문해력 놀이 확장하기**

- 교실에 있는 다양한 물건을 같은 모양(동그라미, 세모, 네모 등)으로 나누어 봐요.
- 그림자를 보고 어떤 모양이 있을지 추측한 후, 나무 블록을 이용하여 그림자의 모양대로 만들어 봐요.

교실 속 동그라미, 세모, 네모 찾기

그림자 모양 찾기

★ 가정에서도 할 수 있는 일상 속 문해력 놀이

| 수와 수량 | 공간·위치·방향 | **도형** | 기초적인 측정 | 규칙성 | 자료수집과 결과 |

[디지털]
모양 숨바꼭질을 부탁해

| 신체운동·건강 | 의사소통 | 사회관계 | **예술경험** | **자연탐구** |

⭐ 놀이 소개

우리 원에서 볼 수 있는 여러 가지 모양을 찾아 사진을 찍어보고, 그 사진을 활용하여 만든 퍼즐을 맞추는 활동이에요. 주변에서 무심코 지나쳤던 모양들을 찾아 사진을 찍고, 퍼즐 놀이를 해보며, 모양을 자연스럽게 인식하고 경험할 수 있어요.

⭐ 놀이 자료

웹 기반 디지털 도구 직소퍼즐(https://www.jigsawexplorer.com/), 디지털 카메라, 태블릿 PC, 컴퓨터, 스마트 TV

⭐ 놀이 방법

1. 우리 주변에는 어떤 모양들이 숨어져 있는지 함께 이야기를 나눠요.
2. 교실 구석구석 숨어 있는 다양한 모양들을 찾아 사진을 찍어요.
3. 직소 퍼즐 사이트를 활용하여 내가 찍은 모양 사진 퍼즐을 만들고, 퍼즐을 맞춰요.
4. 태블릿 PC로 친구와 함께 퍼즐을 맞추며 모양의 생김새에 관해 이야기 나눠요.

⭐ **문해력을 높이는 아이들의 톡톡톡**

 우리 주변에 어떤 모양들이 숨어 있는지 찾아볼까요?

 선생님, 여기 동그라미가 있어요.

세모 모양 안에 동그라미 모양도 있어요.

 친구가 찾은 이 사진은 무슨 모양일까요?

 나는 다이아몬드랑, 동그라미, 네모 모양 사진을 찍었어요.

 친구는 별 모양을 찍은 것 같아요.

우리가 찾은 모양으로 만든 퍼즐을 맞추어 볼까요?

 6조각 다음에 12조각 퍼즐을 맞추고 싶어요.

 저는 퍼즐을 30초 만에 완성했어요.

> **놀이 TIP**
>
> - 디지털 카메라가 없다면, 태블릿 PC의 카메라 기능을 활용하여 사진을 찍은 후 퍼즐을 만들 수 있어요.
> - 첫 퍼즐의 개수를 6개부터 시작하여 점점 늘려가며 난도를 조절해요.

⭐ **수리력 놀이 확장하기**

- '구글 크롬 뮤직랩(송메이커)'를 활용하여 모양을 활용한 디지털 음악을 만들어 봐요. 네모와 세모, 동그라미 등 다양한 모양에서 나오는 음악을 감상해 봐요.
- 그림을 그릴 수 있는 코딩 로봇으로 여러 가지 모양을 그릴 수 있어요. 그리고 싶은 도형을 코딩하고 로봇 등 뒤에 전용 사인펜을 꽂으면 모양을 그릴 수 있어요.

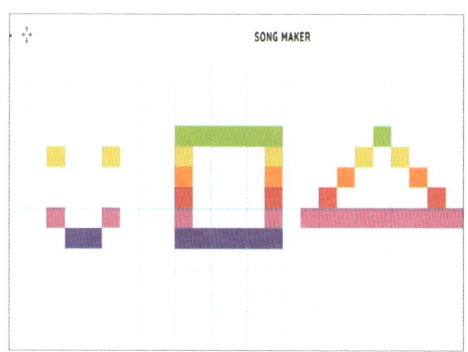

모양으로 그린 디지털 악보

'코딩 로봇'으로 그리는 모양 그림

⭐ 가정에서도 할 수 있는 일상 속 수리력 놀이

온라인 직소퍼즐

나만의 퍼즐, 온라인 직소퍼즐을 소개해요.

온라인 직소퍼즐이란?

- 여러 개의 작은 조각들이 잘 맞물려 하나의 큰 그림이 완성되도록 조립하는 온라인 놀이 퍼즐

- 내가 원하는 이미지를 활용하여 다양한 퍼즐을 만들어보고 맞추어 볼 수 있어요.

준비물

- 웹사이트 직소퍼즐
  (https://www.jigsawexplorer.com)
- 카메라와 같은 사진촬영 가능 기기
- 태블릿 pc 혹은 컴퓨터

활용 방법

① 직소퍼즐 웹사이트에 접속한 후, 우측 메뉴에서 [create a custom puzzle]를 선택해요.

② 만들고 싶은 이미지주소와 제목(생략가능),사용자 url(생략가능), 퍼즐조각수를 입력하여 만들기를 클릭하면 나만의 직소퍼즐 주소가 생성돼요.

③ 네이버 블로그나 SNS에 올린 후 그 이미지 주소를 복사하면 내가 원하는 이미지로 퍼즐을 만들 수 있어요

| 수와 수량 | 공간·위치·방향 | **도형** | 기초적인 측정 | 규칙성 | 자료수집과 결과 |

[미술]
점, 선, 면으로 만드는 아름다움

| 신체운동·건강 | 의사소통 | 사회관계 | **예술경험** | **자연탐구** |

⭐ 놀이 소개
원마커 안의 내가 점이 되고 점이 팝업으로 이어져 선이 되도록 만들어요. 선이 도형을 이루는 면이 되어 그 안을 색종이로 채우면서 세모, 네모 등 도형이 만들어지는 과정과 특징을 온몸으로 경험하는 놀이예요. 점이 모여서 선이 되고 선들이 이어져 면이 된다는 유기적인 관계를 자연스럽게 느낄 수 있어요.

⭐ 놀이 자료
원마커, 팝 튜브, 색종이

⭐ 놀이 방법
1. 모두 제자리에서 콕 찍어진 점을 몸으로 표현해요.
2. 각자가 만든 점을 팝 튜브로 연결하여 선을 만들어요.
3. 네 개의 선을 이어서 면을 만들고 네모 안을 색종이로 채워요.
4. 삼각형, 사각형, 원 등 다양한 형태의 면을 표현해요.

⭐ **수리력을 높이는 아이들의 톡톡톡**

 나의 몸으로 점과 선을 만들어 볼 수 있을까요?

 몸을 웅크려서 점처럼 작게 만들어요.

나랑 친구가 만든 점을 연결하면 선이 돼요.

점들이 모여 선이 되고 선들이 모이면 뭐가 될까요?

 면이 돼요.

 네 개의 선이 이어지면 네모에요.

다 함께 몸으로 점, 선, 면을 만들어 보니 어떤 느낌이 들었나요?

 모양이 모두 달라서 재미있어요.

 점에서 시작해서 세모, 네모가 다 만들어졌어요.

> **놀이 TIP**
>
> - 도형의 개념을 몸으로 표현하기 위하여 넓은 공간을 확보하고 모래 놀이터, 잔디, 강당 등 다양한 장소에서 놀이를 지원해요.
> - 면을 채우는 재료로 색 테이프, 솜, 조각천 등 다양한 질감의 재료를 제공해요.

⭐ 수리력 놀이 확장하기

- 동그라미, 별, 꽃, 나비 등 다양한 모양으로 자른 종이 위에 물감을 스포이드로 떨어뜨리며 색의 혼합을 경험해요.
- 비누 클레이로 동그라미, 세모, 네모를 만들고, 도형을 조합하여 세상에서 하나뿐인 나만의 비누를 만들어요.

색깔 변신, 모양 탐험

말랑말랑 비누 클레이

★ 가정에서도 할 수 있는 일상 속 수리력 놀이

반짝반짝 별자리 그리기

나만의 별자리 붙이고 꾸미기

작은별이 선으로 이어지면 아름다운 별자리가 만들어져요.

준비물
- 야광 별스티커
- 검정 도화지

놀이 방법
① 우리 가족의 별자리를 알아보고 모양이나 특징에 대해서 이야기 나눠요.
② 어두운색 종이에 별스티커를 자유롭게 붙여 나만의 밤하늘을 만들어요.
③ 별스티커를 선으로 연결해서 새로운 별자리를 만들어요.
④ 완성된 별자리를 감상하며 모양에 어울리는 이름을 붙이고 이야기 나눠요.

이렇게 했어요!

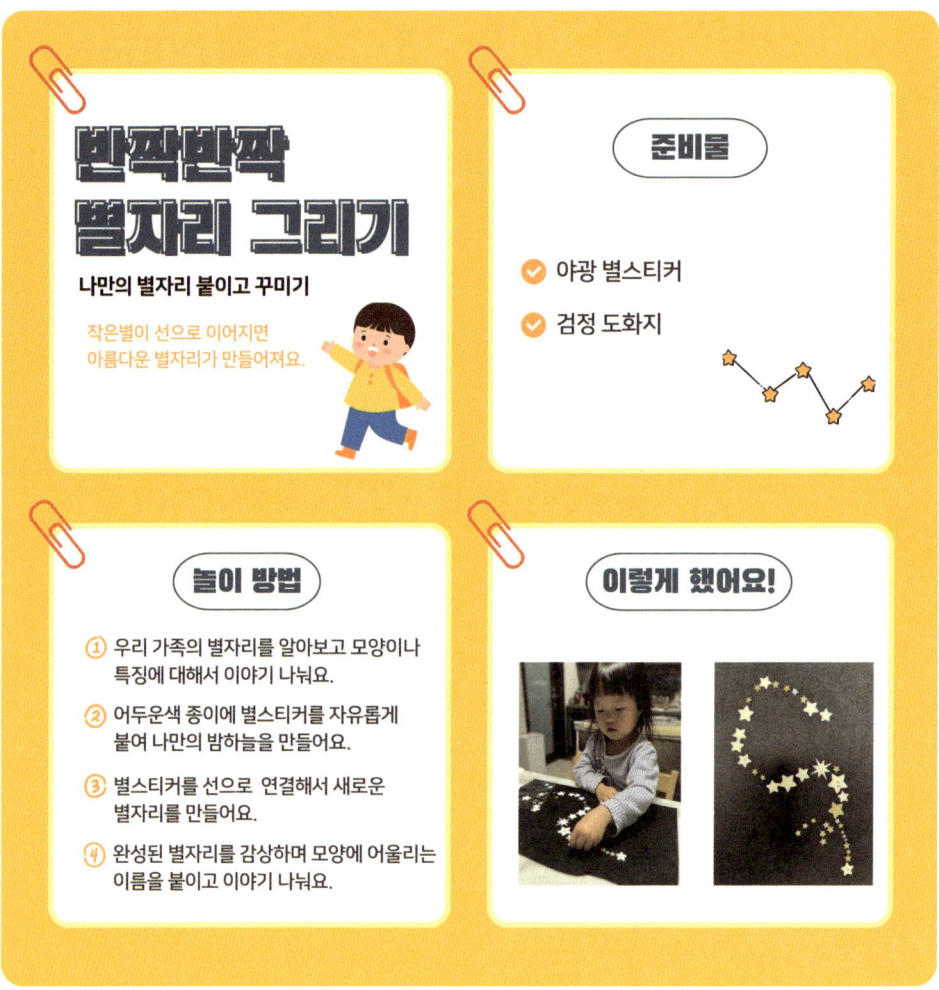

| 수와 수량 | 공간·위치·방향 | **도형** | 기초적인 측정 | 규칙성 | 자료수집과 결과 |

[자연물]
모양을 담은 팔레트

| 신체운동·건강 | **의사소통** | 사회관계 | 예술경험 | **자연탐구** |

⭐ **놀이 소개**

자연에서 볼 수 있는 여러 가지 자연물(열매, 나뭇가지, 낙엽, 돌 등)의 모양을 관찰하고, 모양 팔레트에 담아보는 활동이에요. 친구와 함께 모양 팔레트에 자연물을 올려보며, 자연에서 찾을 수 있는 여러 가지 모양에 관심을 가질 수 있어요.

⭐ **놀이 자료**

여러 가지 모양 팔레트, 자연물

⭐ **놀이 방법**

1. 자연에서 볼 수 있는 다양한 모양에 대해 알아봐요.
2. 자연물을 활용하여 여러 가지 모양(네모, 세모, 동그라미 등)을 만들어 봐요.
3. 다양한 모양이 그려진 팔레트를 나눠줘요.
4. 주변에서 팔레트에 있는 모양의 자연물을 수집해요.
5. 팔레트에 자연물을 올려놓고, 모양별로 어떤 자연물을 담았는지 이야기해요.

⭐ **수리력을 높이는 아이들의 톡톡톡**

어떤 모양을 만들어 볼까요?

나랑 동그라미 만들 사람?

나는 나뭇잎으로 네모를 만들고 싶어요.

자연에서 동그라미, 세모, 네모 등 다양한 모양을 찾아볼까요?

네모난 돌을 찾았어요!

솔방울은 동그라미 모양이에요.

팔레트에 어떤 모양을 담았나요?

동그라미, 네모, 세모, 나뭇잎 모양을 담았어요!

하트랑 길쭉한 모양도 있어요!

> **놀이 TIP**
> - 자연에 나가기 전에 다양한 모양에 대해 아이들과 이야기 나눠요.
> - 기준이 되는 모양의 형태를 제공한 후, 변형된 모양으로 확장해 나가요.
> - 모양 팔레트를 친구와 공유하며, 같은 모양과 다른 모양을 찾아봐요.

⭐ **수리력 놀이 확장하기**

– '모양 꽃이 피었습니다'는 술래가 말하는 모양을 몸으로 표현하는 놀이예요. 술래가 "동그라미 꽃이 피었습니다."라고 외치면, 몸으로 동그라미를 만들어요.

– 자연에서 만나는 다양한 자연물을 활용하여 나만의 모양을 만들어요.

모양 꽃이 피었습니다

모양으로 만든 세상

⭐ **가정에서도 할 수 있는 일상 속 수리력 놀이**

무엇이 무엇이 똑같을까?

자연물과 똑같은 모양 보물찾기

집에서 자연물과 가장 비슷한 모양을 찾아봐요!

준비물
- ✅ 여러가지 모양 자연물 (돌, 나뭇잎, 나뭇가지 등)
- ✅ 집에 있는 물건

놀이 방법
① 가족들과 함께 자연에서 찾은 여러가지 모양 자연물을 살펴봐요.
② 어떤 자연물 모양의 보물을 먼저 찾을지 가족들과 정해요.
③ 자연물과 가장 비슷한 자연물을 집안 곳곳에서 찾아봐요.
④ 가장 비슷한 모양을 찾은 사람이 자연물 보물을 얻을 수 있어요.

이렇게 했어요!

[유-초 이음교육]
초등학교 1학년 교실 속 수업 이야기

1학년 1학기에는 입체도형, 2학기에는 평면도형을 배워요.

초등학교 1학년 도형과 측정 영역에서는 1학기에는 입체도형(🟩🟫🟡), 2학기에는 평면도형(🟩▲🟡)을 다룹니다. 이는 2019 개정 누리과정과 2학년 수학과 내용과 다음과 같이 계열성을 갖고 있습니다.

2019 개정 누리과정	1학년 수학	2학년 수학
• 물체의 특성과 변화를 여러 가지 방법으로 탐색하기 • 물체의 공간·위치·방향, 모양을 알고 구별하기	1학기: 입체도형(🟩🟫🟡) 2학기: 평면도형(🟩▲🟡)	• 삼각형, 사각형, 원의 개념 이해하기 쌓기 • 나무로 여러 가지 모양을 만들기

도형을 다룰 때는 학생들이 주변에서 같은 모양을 찾아보고 스스로 특징을 이야기해 볼 수 있도록 합니다. 도형의 명칭을 직접 알려주는 것이 아니라 학생들이 직접 이름을 지어보는 활동도 해 봅니다. 예를 들어 '원기둥'이라는 입체도형의 명칭을 학생들에게 알려주는 것이 아니라 학생들이 캔, 딱풀 등 일상생활에서 사용하는 용어들을 사용해 이름을 지어볼 수 있도록 합니다.

우리 주변에서 살펴볼 수 있는 도형을 배움으로써 학생들이 도형에 대한 기초적인 개념과 공간 감각을 기를 수 있는 토대를 마련할 수 있습니다.

입체도형으로 학교에서 볼 수 있는 물건 만들기

클레이를 활용해 입체도형 만들기

| 수와 수량 | 공간·위치·방향 | 도형 | **기초적인 측정** | 규칙성 | 자료수집과 결과 |

[음악-신체]
유리컵 속 소리 마법

| 신체운동·건강 | 의사소통 | 사회관계 | **예술경험** | **자연탐구** |

⭐ 놀이 소개

유리컵에 담긴 물의 높이에 따라 소리가 달라지는 현상을 유아들과 함께 탐색해 보는 놀이 활동이에요. 물의 높이의 변화가 소리의 높낮이에 영향을 준다는 것을 직접 관찰하고 비교하면서 자연스럽게 경험할 수 있어요.

⭐ 놀이 자료

유리컵 5개, 젓가락, 계량컵(30ml 계량용)이나 주전자, 행주, 물감

⭐ 놀이 방법

1. 교사가 미리 준비한 유리컵(물 적은 컵 vs 물 많은 컵)을 보며 두드리면 어떤 소리가 날지 이야기해 봐요.
2. 유리컵을 두드릴 때 나는 소리를 비교해 봐요.
3. 5개의 유리컵에 계량컵(30ml, 60ml, 90ml, 120ml, 150ml)을 이용하여 다양한 높이의 물을 채워서 새로운 소리를 만들어 봐요.

⭐ **수리력을 높이는 아이들의 톡톡톡**

물이 낮게 담긴 컵과 조금 더 높게 담긴 컵을
두드리면 어떤 소리가 날까요?

소리가 궁금해요.
한 번 두드려 보세요.

저는 '쨍' 소리가 날 것 같아요.

가장 높은(낮은) 소리가 나는 물컵은
어떤 것이었나요?

물이 적게 들은 컵이에요.

물이 많이 든 컵은
낮은 소리가 났어요.

물컵의 소리를 바꾸고 싶다면
어떻게 해야 할까요?

물을 더 넣어요(빼요).

두드리는 젓가락을
다른 것으로 바꾸면 좋을 것 같아요.

🗨️ **놀이 TIP**

- 유리컵의 사용 방법과 물을 흘렸을 때의 대처방안을 사전에 안내해 주고, 안전을 위해 교사가 함께 활동에 참여해요.
- 과학적 설명보다는 물의 높이에 따라 달라지는 소리 변화를 경험해 볼 수 있도록 해요.

⭐ **수리력 놀이 확장하기**

- 유아들과 유리컵으로 5개의 음을 만들어 보고, 간단한 멜로디(예: 비행기)를 연주해요. 이때 음높이에 따라 물의 색을 다르게 표현해 주거나 계이름을 붙여줘요.
- 전자피아노, 트라이앵글, 징, 북 등 여러 악기 소리의 울림 길이를 스톱워치로 재어 보고, 악기마다 울림 길이를 비교하며 놀이해요.

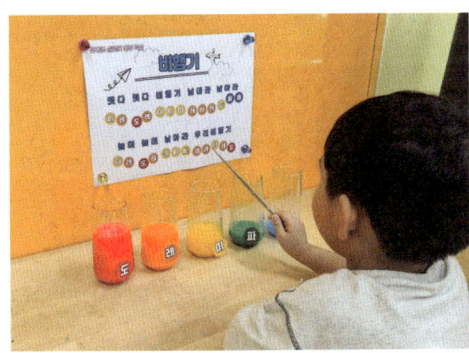
유리컵 실로폰 연주

소리 길이를 재어봐요

★ 가정에서도 할 수 있는 일상 속 수리력 놀이

| 수와 수량 | 공간·위치·방향 | 도형 | **기초적인 측정** | 규칙성 | 자료수집과 결과 |

[그림책]
누가 더 무거울까?

| 신체운동·건강 | **의사소통** | 사회관계 | 예술경험 | **자연탐구** |

⭐ 놀이 소개

[내가 더 커!]는 공룡들이 시소에 올라가 무게를 비교하면서 어떤 공룡이 더 무거운지 알 수 있는 그림책이에요. 그림을 보며 누가 더 무거운지 이야기하고, 다양한 공룡 피규어를 활용하여 직접 무게를 비교하며 '가볍다', '무겁다'의 개념에 관심을 가질 수 있어요.

⭐ 놀이 자료

그림책 [내가 더 커!] (경혜원 글·그림, 한림출판사), 공룡 피규어, 양팔 저울

⭐ 놀이 방법

1. 그림책의 그림을 보며 어떤 공룡이 더 무거울지 이야기해요.
2. 양팔 저울 사용 방법을 알아봐요.
3. 공룡 피규어를 제공하여 어떤 공룡이 제일 무거울지 추측해요.
4. 크기가 크다고 무거운 공룡일지 이야기 나눠요.
5. 양팔 저울에 공룡 피규어를 올려서 누가 가장 무거운 공룡인지 알아봐요.

⭐ 수리력을 높이는 아이들의 톡톡톡

 무게를 잘 재려면 양팔 저울을 사용할 때 어떤 점이 중요할까요?

 물건을 올려놓고 누르지 않아요.

처음에 한쪽이 내려가 있으면 안 돼요.

 어떤 공룡이 더 무거울까요?

 초록색 공룡이요 내려갔어요.

 시소가 아래로 내려간 공룡이 더 무거운거에요.

크기가 큰 것이 항상 무거울까요?

 크기가 커도 가벼운 물건이 있어요.

 종이 블럭이 나무 블럭보다 큰데 더 가벼워요.

> **놀이 TIP**
> - 과학적 원리를 직접 알려주기보다는 발문을 통해 유아들이 생각하고 직접 양팔 저울을 사용하면서 답을 찾아가도록 해요.
> - 양팔 저울 사용 방법을 알려주고 탐색할 시간을 충분히 제공해요.

⭐ **수리력 놀이 확장하기**

– 공룡 피규어 발을 찰흙에 찍어보며 발자국 크기를 비교하고, 찰흙에 찍힌 공룡의 발자국을 보고 어떤 공룡일지 찾아봐요.

– 비슷한 무게가 되려면 어떤 친구랑 함께 타면 될지 이야기하며 시소 놀이를 해요.

공룡 발자국으로 찍고 공룡 찾기

시소 놀이

★ 가정에서도 할 수 있는 일상 속 수리력 놀이

기초적인 측정 활용 추천 그림책!

길다, 짧다, 무겁다, 가볍다

부모님과 함께 그림책을 읽고
기초적인 측정에 대해 알아봐요.

길이

✓ [얼마나 길까?]는
실제로 측정하기 어려운 것들을 친숙한 것들로 비교
하면서 길이를 어림하여 볼 수 있는 그림책 입니다.

기초적인 측정을 할 때
어림해보고
비교하면서 측정하는 방법을
알 수 있습니다.

Q&A
책상길이는 지우개로
몇개 정도 될까?

무게

✓ [앗, 무당벌레 무게가 궁금해!]는
친숙한 동물들의 무게를 숫자로 나타내어 비교하며
표현한 그림책 입니다.

동물의 무게를
단위비교를 통해
배울 수 있습니다.

Q&A
동물 중에
누가 가장 무거울까?

크기

✓ [겨울 크기 비교와 측정]은
자연속의 모습을 콜라주 기법으로 표현하여,
자연 속에서 할 수 있는 수학적질문으로 내용을 구성한
그림책이에요.

그림책에 나오는
수학적 질문을 함께
이야기 하며
크기 비교와 측정에 대해
알 수 있어요.

Q&A
엄마곰, 아기곰중에
누가 더 무거울까?

| 수와 수량 | 공간·위치·방향 | 도형 | **기초적인 측정** | 규칙성 | 자료수집과 결과 |

[미술]
세상에서 가장 긴 뱀

| **신체운동·건강** | 의사소통 | 사회관계 | **예술경험** | **자연탐구** |

⭐ 놀이 소개

생활 속에서 많이 사용하는 친숙한 재료인 색종이를 이용해서 쉽게 만들 수 있는 동그라미 고리를 뱀처럼 길게 만들어 보는 활동이에요. 만든 뱀을 이용해서 길이, 비교, 순서 등의 기초적인 측정의 개념을 놀이 속에서 배울 수 있어요.

⭐ 놀이 자료

색종이, 가위, 풀 또는 양면테이프, 눈 스티커

⭐ 놀이 방법

1. 색종이를 네모 모양으로 반으로 접고 같은 방향으로 한 번 더 접어요.
2. 접은 모양 선을 가위로 자르고 직사각형 조각 끝에 풀을 발라 동그랗게 만들어요.
3. 만들어진 동그라미 고리를 줄줄이 연결해서 길게 만들어요.
4. 뱀의 얼굴을 정하고 눈, 코, 혀 등 자유롭게 꾸며요.
5. 각자 만든 고리를 연결해서 긴 하나의 줄로 이어봐요.

⭐ **수리력을 높이는 아이들의 톡톡톡**

이 동그라미 조각으로 무엇을 할 수 있을까요?

풀로 붙이거나 테이프로 이어 붙여요.

계속 붙이면 뱀처럼 길어질 것 같아요.

누가 만든 뱀이 제일 긴지 비교해 볼까요?

내 손바닥 만큼 더 길어요.

난 고리가 네 개, 하준이는 고리가 일곱 개예요.

친구들이 만든 뱀을 다 이어볼까요?

우리 키보다 커졌어요.

우리가 만든 걸 하나로 붙이니까 진짜 길어졌어요.

> **놀이 TIP**
>
> - 뱀을 만드는 것보다 길게 이어 붙이며 연결할 수 있도록 격려해요.
> - 교사와의 상호작용을 통해 길이를 재려면 기준점이 있어야 한다는 것을 알도록 해요.
> - 색종이 외에 신문, 잡지, 광고지 등 다양한 질감의 종이를 제공할 수 있어요.

⭐ **수리력 놀이 확장하기**

– 색종이로 만든 뱀을 이용해서 교실 안의 여러 물건의 길이를 재어봐요.
– 플레이콘을 물에 녹여 다양한 용기에 옮겨 담으며 용기의 모양이나 크기에 따라 채워지는 물의 양을 관찰하며 차이를 비교해요.

교실 물건 길이 재기   여러 가지 색깔 플레이콘

⭐ **가정에서도 할 수 있는 일상 속 수리력 놀이**

알록달록 코인티슈 애벌레 변신소동

색다른 재료인 코인 티슈의 알록달록 변신쇼

작은 코인 티슈가 물과 만나 길고 통통한 애벌레로 변신하는 마법 놀이 즐겨요.

준비물
- 코인 물티슈
- 싸인펜, 매직 등
- 물이 담긴 약병
- 그릇 또는 쟁반

놀이 방법

① 코인 티슈를 자유롭게 탐색하고 원하는 개수만큼 붙여서 길이를 조절해요.

② 코인 티슈 한쪽 끝에 애벌레의 얼굴을 표현하고 색칠해요.

③ 쟁반에 코인 티슈를 올리고 물이 담긴 약병으로 물을 한 방울씩 떨어뜨려요.

④ 코인 티슈의 길이, 두께 변화를 비교하고 길고, 통통하게 변하는 애벌레를 관찰해요.

이렇게 했어요!

| 수와 수량 | 공간·위치·방향 | 도형 | **기초적인 측정** | 규칙성 | 자료수집과 결과 |

[자연물]
그림자 키재기

| 신체운동·건강 | **의사소통** | **사회관계** | 예술경험 | **자연탐구** |

⭐ 놀이 소개

여러 가지 자연물을 이용하여 나와 친구의 그림자 길이를 재어 보며, 측정해 보는 활동이에요. 그림자의 키를 비표준화된 자연물을 서로 비교하고, 수량화하는 활동을 통해 기초적인 측정의 개념을 자연스럽게 경험할 수 있어요.

⭐ 놀이 자료
그림자, 여러 가지 자연물

⭐ 놀이 방법

1. 우리 주변에서 만날 수 있는 식물의 키를 나의 키와 비교해 봐요.
2. 땅에 나타나는 우리의 그림자를 함께 찾아보고, 움직일 때마다 변하는 그림자에 대해 알아봐요.
3. 그림자 키에 관해 이야기하며, 한가지 자연물(돌)을 이용하여 그림자 키를 재어 봐요.
4. 다른 자연물(솔방울, 나뭇가지 등)로 그림자의 길이를 재어 보며, 친구들과 함께 이야기해 봐요.

⭐ **수리력을 높이는 아이들의 톡톡톡**

선생님보다 키가 큰 나무를 찾아볼까요?

이 나무는 선생님보다 커요.

이 나무는 저보다 키가 작은데, 동생이랑 키가 비슷해요.

그림자에 보이는 우리 키는 어떤 것 같나요?

키가 작아졌어요.

실제로는 제가 키가 더 작은데, 그림자 키는 비슷해 보여요.

자연물로 그림자의 길이를 재어 볼까요?

○○이 키는 돌멩이가 4개예요.

△△이 키는 돌멩이가 7개예요.
△△이가 더 커요.

놀이 TIP

- 주변에 있는 사물과 나, 친구의 키로 비교하면서 '크다', '작다'의 개념을 이해해요.
- 놀이 시간대를 다양하게 하여, 시간마다 달라지는 그림자의 길이를 알아봐요.
- 끈을 활용하여 측정하면 유아들이 길이의 개념을 쉽게 이해할 수 있어요.

⭐ 수리력 놀이 확장하기

- 주변에 있는 나무를 안아보며, 나무의 둘레를 측정해 봐요. 친구와 함께 두 팔을 이용하여 가장 굵은 나무와 가느다란 나무를 찾아봐요.
- 여러 가지 풀을 관찰하고, 가장 길다고 생각하는 풀을 찾아와요. 기준선에 풀을 올려놓고, 누가 가지고 온 풀이 가장 긴지 풀의 길이를 측정해 봐요.

나무를 안아줘

가장 긴 풀을 찾아라

⭐ 가정에서도 할 수 있는 일상 속 수리력 놀이

휴지 탑을 쌓아라

두루마리 휴지로 탑 쌓기

우리 가족의 키만큼 두루마리 휴지를 높이 쌓아봐요.

준비물
- 우리 가족
- 두루마리 휴지

놀이 방법
1. 우리 가족의 키를 비교해봐요.
2. 휴지를 이용하여, 내 키만큼 휴지 탑을 쌓아봐요.
3. 내 키보다 크려면 휴지가 몇 개 필요할지 가족들과 이야기를 나눠요.
4. 휴지 탑을 쌓으며, 휴지의 개수로 누구의 키가 가장 큰지, 작은지 알아봐요.

이렇게 했어요!

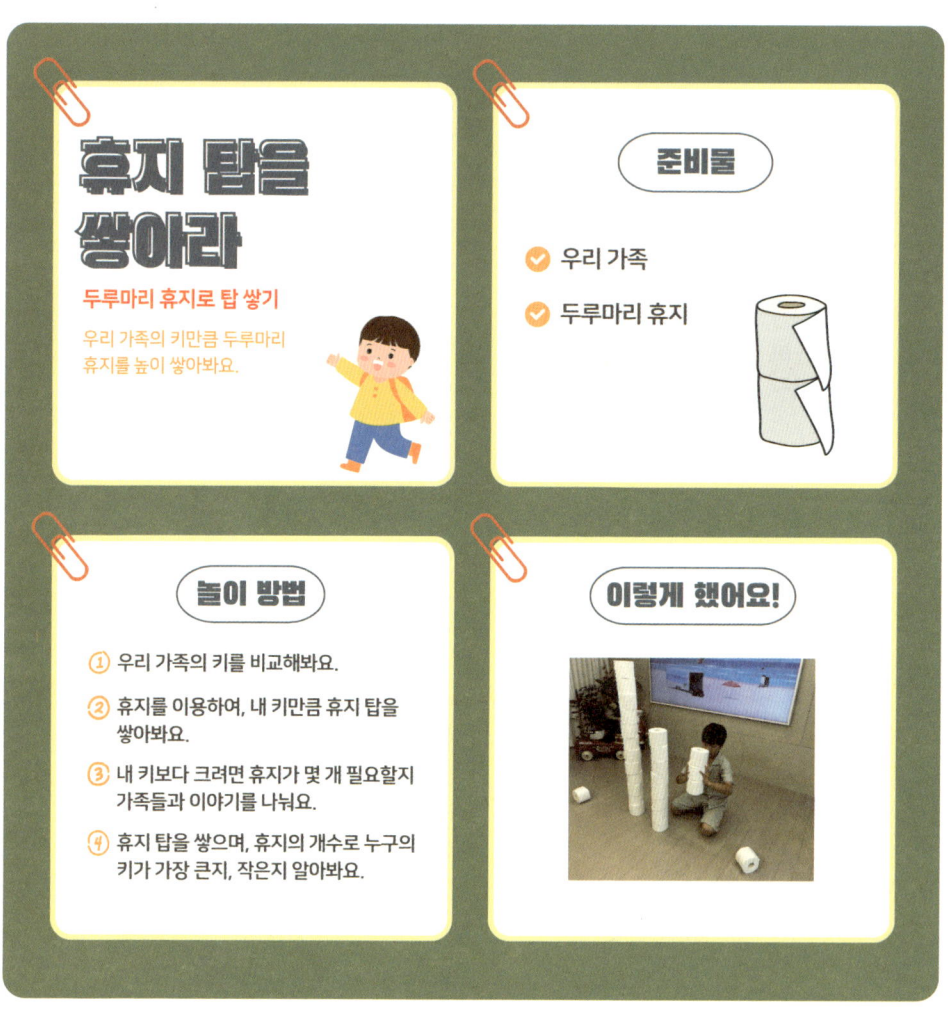

| 수와 수량 | 공간·위치·방향 | 도형 | **기초적인 측정** | 규칙성 | 자료수집과 결과 |

[환경 인쇄물]
꿀꺽꿀꺽! 얼마나 마셨을까?

| 신체운동·건강 | 의사소통 | 사회관계 | 예술경험 | **자연탐구** |

⭐ 놀이 소개
여름철 물 섭취의 중요성을 담은 포스터를 관찰하고, 물이 우리 몸에 꼭 필요한 이유를 알아본 뒤 하루 동안 물 마신 양을 비교·기록해 보는 활동이에요. 마신 물의 양을 눈으로 비교해 보는 과정을 통해 기초적인 측정과 양의 비교 감각을 자연스럽게 익힐 수 있어요.

⭐ 놀이 자료
더운 여름나기 포스터, 물 마시기 안내판 등 수분 섭취와 관련된 게시물, 500ml 물병, 네임펜이나 마스킹테이프

⭐ 놀이 방법
1. 수분 섭취와 관련된 포스터나 안내판을 함께 살펴보며, 물이 우리 몸에 왜 중요한지 이야기 나눠요.
2. 500ml 생수병에 이름을 표시하고, 목이 마를 때마다 자유롭게 물을 마셔요.
3. 일정 시간이 지난 후 (예: 교육과정 운영이 끝난 뒤/3시간 뒤), 물병에 남아 있는 물의 양을 네임펜이나 마스킹테이프로 표시해요.
4. 친구들과 각자 얼마나 마셨는지 눈으로 비교하며 이야기 나눠요.

⭐ **수리력을 높이는 아이들의 톡톡톡**

더운 여름 물을 마시지 않으면 어떤 일이 생길까요?

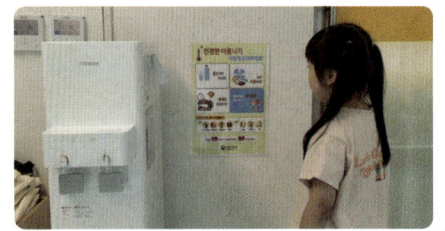

쓰러져요.

일사병에 걸렸는데 물을 못 마시면 큰일나요.

물을 얼마나 마셨는지 비교해 볼까요?

전 다 마셨는데요!

OO이는 엄청 조금 남았어요. 나는 많이 남았어요.

물을 자주 마시려면 어떻게 해야 할까요?

모래시계가 다 떨어질 때마다 먹어요!

물병을 내 옆에 놓아요.

> **놀이 TIP**
>
> - 한 번에 너무 많은 양의 물을 마시지 않도록 지도하며, 목이 마를 때 조금씩 자주 마시는 습관을 격려해요.
> - 물을 많이 마신 친구가 더 '잘한 것'으로 받아들이지 않도록, 몸에 물이 필요해 갈증을 많이 느낀 친구가 누구였는지, 그래서 얼마나 물을 마셨는지 알아보는 데 중점을 두어 활동해요.

⭐ **수리력 놀이 확장하기**

- 본 활동에서 마시고 남은 물을 눈금실린더나 비커를 활용해 물의 양을 확인해 보거나 전자저울을 이용하여 물의 무게를 재보아요.
- 눈금실린더와 스펀지를 이용하여 1분 동안 얼마나 많은 물을 모았는지 게임을 해보며 물의 양을 비교해 봐요.

물의 양 또는 무게 비교하기

물 모으기 게임

★ 가정에서도 할 수 있는 일상 속 수리력 놀이

물 마시기 챌린지

오늘 하루 수분섭취량

물을 마실 때마다 스티커를 붙여 표시해요.

준비물
- '물 마시기 챌린지' 스티커판
- 스티커

놀이 방법
① 하루동안 물을 마신 횟수를 기록해요.
(스티커판이 아니라, 개인 물병이나 텀블러에 직접 스티커를 붙여도 좋아요.)
② 하루가 끝나면 붙어있는 스티커의 개수를 세어보며 물을 몇 번 마셨는지 함께 이야기 나눠요.

이렇게 했어요!

내가 제일 많이 마셨어요!

[유-초 이음교육]
초등학교 1학년 교실 속 수업 이야기

길이, 무게, 넓이, 들이를 비교하며 측정을 배워요.

측정은 사물의 특징의 크기를 비교하는 것입니다. 초등학교 1학년 때는 측정값을 정확하게 수치화하기 이전에 비교하는 활동을 배웁니다. 따라서 자를 이용해 정확한 측정값을 아는 활동은 2학년 때 배우게 됩니다.

비교할 대상의 길이, 무게, 넓이, 들이를 직관적인 방법으로 학생들이 탐구할 수 있도록 합니다. 비교하는 대상이 둘인 경우와 셋 이상인 경우를 제시하여 표현이 다르다는 것을 학생들이 배웁니다. 예를 들어 둘인 경우 '더 넓다', '더 좁다'로 표현하며 셋 이상인 경우에는 '가장 넓다', '가장 좁다' 라고 표현합니다.

2019 개정 누리과정	1학년 수학	2학년 수학
• 일상에서 길이, 무게 등의 속성을 비교하기	• 실생활에서 비교하기의 의미와 필요성 발견하기 • 두 가지 또는 세 가지 대상의 길이, 무게, 넓이, 들이 속성에 따라 비교한 결과를 말로 표현하기	• 간접 비교를 통해 길이 비교하기 • 신체와 물건을 임의 단위로 이용하고 불편한 점 알기 • 표준 단위의 필요성을 이해하고, 1cm와 '자' 활용하기 • 양감 기르기

측정값을 수치화하는 것이 아니기 때문에 비교 대상을 눈으로 봤을 때 바로 비교가 될 수 있도록 예시를 제시합니다(예: 수박, 참외). 또는 학생들이 직접 비교 대상을 견주어 비

교하거나 제3의 대상을(뼘) 활용하여 비교해 볼 수 있도록 합니다.

종이를 이용한 크기 비교하기

카프라를 이용한 길이 비교하기

| 수와 수량 | 공간·위치·방향 | 도형 | 기초적인 측정 | **규칙성** | 자료수집과 결과 |

[음악-신체]
손뼉 치고 발 굴러요

| **신체운동·건강** | 의사소통 | 사회관계 | **예술경험** | 자연탐구 |

⭐ **놀이 소개**

반복되는 그림 카드 배열을 보며 규칙을 예측해 보고 동작으로 표현해 보는 해보는 신체활동이에요. 그림 기호와 신체 움직임을 연결하여 놀이하면서 기호 인식, 규칙성 이해, 음악적 표현력을 함께 신장시킬 수 있어요.

⭐ **놀이 자료**

그림 카드(손, 발, 쉿! 그림), 노래 음원

⭐ **놀이 방법**

1. 그림 카드를 소개하며 동작을 따라 해봐요.
   - 예: 손-손뼉치기, 발-발구르기, 쉿!-조용히 하기
2. 그림 카드로 규칙이 있는 패턴을 만들어 보고 동작으로 표현해 보아요.
   - 교사가 만든 그림 패턴을 동작으로 표현하기(예: 손손발발, 손쉿발쉿 등)
   - 유아가 만든 그림 패턴을 동작으로 표현하기
3. 유아들이 좋아하는 노래에 맞춰 손뼉 치고 발 구르는 동작을 적용해 봐요.

수리력을 높이는 아이들의 톡톡톡

손(발)이 그려진 그림 카드에 어울리는
신체 동작은 무엇일까요?

 손뼉을 쳐요!

 발을 굴려요!

여기 있는 그림 카드에는 어떤 규칙이 있나요?

 '손' 두 번, '발' 두 번이 반복돼요.

 '손-쉿-발-쉿'이 반복돼요.

그림 카드의 규칙을 찾아보고
노래에 맞춰 동작으로 표현해 보니 어떤가요?

 노래에 맞춰 표현해 보니
춤추는 기분이 들었어요.

 내가 원하는 동작 그림카드를
만들고 싶어요.

> **놀이 TIP**
>
> - 유아가 다양한 리듬 패턴을 만들고 경험할 수 있도록 허용적이고 개방적인 분위기를 조성해요.
> - 놀이 활동에 익숙해지면 유아가 직접 만든 새로운 동작의 그림 카드를 추가해서 표현해볼 수 있어요.

⭐ 수리력 놀이 확장하기

- 혼자 만들어 본 동작을 친구와 짝이 되어 리듬을 만들어 보고, 좋아하는 노래에 맞춰 표현해 봐요.
- 3~4가지의 색깔판으로 바닥에 색 배열을 만든 후 각 색깔에서 해당 동작을 수행하며 놀이해 보아요. (예: 빨-파-노 색 배열, 빨강-걷기, 파랑-점프, 노랑-팔 흔들기)

친구와 짝 리듬 만들기

색깔 따라 움직여요!

★ **가정에서도 할 수 있는 일상 속 수리력 놀이**

사랑이 싹트는 색깔 길 걷기

포스트잇으로 색 배열 만들기

색깔 길을 만들고 걸으며 우리 가족에게 사랑의 말을 표현해 봐요.

준비물
- 3~4색깔의 포스트잇
- 쓰기도구

놀이 방법

① 포스트잇으로 규칙이 있는 색 배열을 만들어 보세요. (예 : 빨-파-노 색 배열을 만들어서 방에서 거실 쪽으로 바닥에 붙이기)

② 포스트잇에 사랑을 표현하는 말을 정해서 적어요. (예 : 빨-우리 가족, 파-최고예요, 노-사랑해요)

③ 색깔 길을 걸으며 사랑의 말을 표현해 보세요.

이렇게 했어요!

| 수와 수량 | 공간·위치·방향 | 도형 | 기초적인 측정 | **규칙성** | 자료수집과 결과 |

[디지털]
타타타 패턴 행진곡

| 신체운동·건강 | **의사소통** | 사회관계 | **예술경험** | 자연탐구 |

⭐ **놀이 소개**

구글 크롬 뮤직랩을 활용하여 나만의 패턴 행진곡을 창작해 보는 활동이에요. 동요 '나처럼 해봐요'와 같이 규칙성이 드러나는 노래를 함께 부르며 반복되는 소리 패턴을 찾아보고 가사와 리듬을 변형하면서 자신만의 소리 패턴을 만들어 보아요.

⭐ **놀이 자료**

동요 '나처럼 해봐요(작사, 작곡 남승연)', 칠판, 보드마카, 유니트블럭, 웹 기반 디지털도구 '구글 크롬뮤직랩-리듬(https://musiclab.chromeexperiments.com/)', 태블릿 PC 또는 컴퓨터

⭐ **놀이 방법**

1 패턴이 드러나는 짧은 노래를 함께 부르며 들리는 소리 패턴을 찾아요.
2 노래 가사를 변형하면서 자신만의 규칙을 만들어요.
   - "나처럼 해봐요 타타타타" "나처럼 해봐요 타타타, 타타"
3 유니트 블록을 활용하여 나만의 패턴을 만들어요.
4 '구글 크롬뮤직랩-리듬'에 접속하여 나만의 패턴 행진곡을 만들어 봐요.
5 친구들이 만든 음악을 감상해 보고 숨겨진 소리 패턴을 찾아봐요.

⭐ **수리력을 높이는 아이들의 톡톡톡**

 들리는 노래 속에서
숨겨진 소리 패턴을 찾아볼까요?

 '타'랑 '티'가 반복돼요.

 이렇게도 해봐요 '타티티타타'
'타티티타타타'

 내가 만든 규칙을 디지털 악보로 표현해볼까요?

 저는 네모와 동그라미로
만들고 싶어요

 네모 동그라미 네모 동그라미,
제 규칙은 무엇인지 맞춰보세요.

 친구가 만든 음악을 함께 감상해 볼까요?

 작은 북과 큰북 소리가
1번씩 2번씩 반복돼요.

 음악을 들으니 몸이 저절로 움직여요.

> **놀이 TIP**
> - 규칙성을 표현할 수 있는 실물 자료(예: 유니트블록)를 사전에 제공해요.
> - 유아들이 만든 음악을 함께 들어보며 반복되는 음악에 어울리는 율동도 만들어 봐요.

⭐ **수리력 놀이 확장하기**

- 나만의 패턴이 담긴 악보를 보고 디지털 피아노로 음악을 연주해요.
- 함께 만든 디지털 음악에 맞게 패턴 댄스 영상을 만들어 봐요. 리듬이 반복될 때 마다 박자를 맞추어 발을 구르거나 박수를 치는 등 동작으로 표현해요.

알록달록 패턴 연주회

리듬 속에 그 춤을

⭐ 가정에서도 할 수 있는 일상 속 수리력 놀이

구글 크롬 뮤직 랩
음악을 만드는 가장 쉬운 방법, 크롬 뮤직랩을 소개해요

크롬뮤직랩이란?
- 구글 크롬에서 개발한 무료 음악교육 플랫폼으로 (https://musiclab.chromeexperiments.com) 별도의 로그인이나 회원가입 없이 다양한 음악을 만들고 실험하는 체험 활동을 할 수 있어요.
- 소리, 높낮이, 리듬, 멜로디, 화음 등을 시각적, 청각적으로 경험하여 음악의 원리를 쉽고 재미있게 배울 수 있어요.

준비물
- 크롬뮤직랩 프로그램
- 태블릿 pc 혹은 컴퓨터와 같은 실행가능한 기기

활용 방법
① 포털사이트에서 '크롬뮤직랩'을 검색해요.
② 14가지의 프로그램 중 하나를 선택해요.
③ 마우스를 클릭하거나 화면을 터치하여 나만의 음악을 만들어요.
④ 만든 음악을 가족들과 함께 감상해요.

| 수와 수량 | 공간·위치·방향 | 도형 | 기초적인 측정 | **규칙성** | 자료수집과 결과 |

[미술]
알록달록 목걸이 디자이너

| 신체운동·건강 | **의사소통** | 사회관계 | **예술경험** | 자연탐구 |

⭐ 놀이 소개

일상생활 속에서 반복적으로 일어나는 하루일과를 자연스럽게 이야기 나누며 규칙성에 관심을 가지도록 하는 활동이에요. 유아들이 좋아하는 알록달록 구슬 끼우기 놀이를 통해, 일정하게 반복되는 패턴을 재미있게 인식하고 표현할 수 있어요.

⭐ 놀이 자료

우리 원 하루 일과표, 다양한 종류의 구슬, 실, 가위

⭐ 놀이 방법

1. 유아교육기관의 하루 일과표를 보며 요일마다 반복되는 활동이 무엇인지 찾아봐요.
2. 다양한 색과 모양의 구슬 재료를 소개하고 어떻게 끼우면 좋을지 이야기해요.
3. 교사가 만든 구슬 패턴과 동일한 패턴의 구슬을 끼워요.
4. 유아들이 스스로 구슬의 규칙을 만들어 패턴 목걸이를 디자인해요.

⭐ **수리력을 높이는 아이들의 톡톡톡**

일주일 시간표에서
요일마다 반복되는 활동은 무엇일까요?

매주 목요일은
미디어 수업 날이에요!

자유 놀이랑 점심 식사는
매일 매일 있어요.

이 구슬 다음에는 어떤 구슬을 끼워야 할까요?

빨간색 하트모양이요.

'노랑, 보라, 노랑, 보라'니까
노랑 다음에는 보라 구슬이요.

정말 멋진 패턴 목걸이야.
어떤 규칙이 숨어 있을까요?

목걸이에 비밀 암호가 숨어 있어요.

곰돌이, 곰돌이, 꽃, 구슬,
빨강으로 연결했어요.

> **놀이 TIP**
> - 처음에는 단순한 패턴부터 시작해서 패턴으로 구성된 자료를 보면서 끼우도록 해요.
> - 구슬, 블록, 색종이 등 생활 속에서 쉽게 접하는 다양한 재료를 활용해요.
> - 규칙성 인식하기에 익숙해지면 모양, 색깔 등의 기준으로 스스로 패턴을 정하는 '패턴 창조하기'와 다음에 올 구슬이 무엇인지 '패턴 예측하기' 활동으로 연결해요.

⭐ 수리력 놀이 확장하기

- 꽃 스티커를 일정한 패턴으로 붙여 규칙을 만들고, 치마를 디자인해요.
- 종이 위에 여러 가지 색의 물감을 떨어뜨리고, 팽이를 회전시키면서 우연히 만들어지는 다양한 패턴을 관찰하며 나만의 패턴을 만들어요.

꽃 치마 디자인하기

패턴 팽이 스핀 아트

★ 가정에서도 할 수 있는 일상 속 수리력 놀이

영양꼬치 만들기

냉장고의 재료로 패턴이 있게 꼬치에 끼워요.

냉장고 속 재료로 규칙이 담긴 영양 꼬치를 만들어요.

준비물
- 나무꽂이
- 메추리알
- 방울토마토
- 오이 등 냉장고 속 다양한 재료

놀이 방법
1. 우리 가족이 좋아하는 음식 재료를 이야기 나눠요.
2. 냉장고 속 다양한 재료를 꺼내어 규칙이 있는 영양 꼬치를 만들어요.
3. 어떤 패턴인지 가족들에게 소개해요.
4. 영양꼬치를 가족들이 함께 즐겁게 먹어요.

이렇게 했어요!

| 수와 수량 | 공간·위치·방향 | 도형 | 기초적인 측정 | **규칙성** | 자료수집과 결과 |

[자연물]
꽃 만다라

| 신체운동·건강 | 의사소통 | 사회관계 | **예술경험** | **자연탐구** |

⭐ **놀이 소개**

가운데를 중심으로 꽃과 잎을 규칙적으로 배열해 보며, 친구들과 협동하여 꽃 만다라를 만들어 보는 활동이에요. 꽃이나 잎의 모양과 색깔, 크기 등을 고려해 자연물을 배치하고, 그 과정에서 반복되는 규칙성과 패턴을 자연스럽게 발견할 수 있어요.

⭐ **놀이 자료**

다양한 자연물(꽃잎, 나뭇잎, 열매 등), 바구니, 자연 놀이 보자기

⭐ **놀이 방법**

1 친구들과 함께 자연에서 다양한 자연물을 수집해요.
2 자연물을 보며, 나만의 규칙(노란 꽃, 하얀 꽃, 분홍 꽃, 길쭉한 잎, 동그란 잎 등)을 만들어요.
3 놀이 보자기 위에 중심이 될 자연물을 놓고, 순서를 정해 원을 그리며, 나만의 규칙 자연물을 올려놓아요.
4 친구들과 함께 완성한 꽃 만다라를 감상해요.

⭐ **수리력을 높이는 아이들의 톡톡톡**

 우리 함께 꽃잎과 풀잎을 관찰할까요?

 노란 꽃과 하얀 꽃은 잎은 가운데 동그라미가 있어요.

 저 풀잎은 왼쪽에서 나왔다가 오른쪽에서 나와요.

 나만의 자연물 규칙을 정해 순서대로 놓아 볼까요?

 저는 노란 꽃을 놓고 옆에 길쭉한 잎을 놓을 거예요.

그 다음에 제가 빨간색 단풍잎으로 동그라미를 만들 거예요.

 함께 완성한 꽃 만다라를 감상해 볼까요?

 맛있는 꽃 피자 같아요.

하얀색 꽃, 노란색 꽃, 단풍잎, 분홍색 꽃이 차례대로 있어요.

> **놀이 TIP**
> - 자연물의 크기, 색깔, 모양 등의 특징에 관해 이야기한 후 놀이를 진행해요.
> - 놀이 전 자연물을 수집할 때의 약속을 정하고, 필요한 만큼만 수집해요.
> - 어린 유아의 경우 그림 카드를 순서대로 제시하면 규칙을 만들어요.

⭐ 수리력 놀이 확장하기

- 나뭇가지에 모양이나 색깔이 다른 나뭇잎을 꽂아, 나뭇잎 꼬치를 만들어요. 만든 꼬치로 친구들과 함께 캠핑 놀이를 해요.
- 자연물 패턴 놀이판에 자연물을 올려놓고, 다음에 어떤 자연물이 올지 생각해 봐요. 친구와 함께 번갈아 가며 문제를 내며, 해당하는 자연물을 놓아요.

나뭇잎 꼬치 캠핑

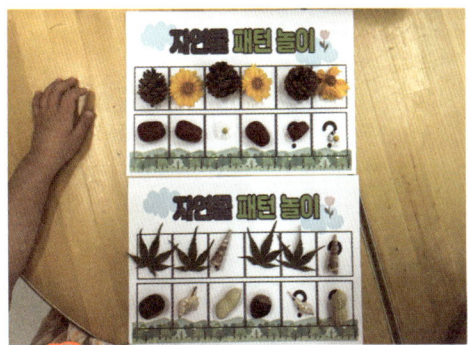

자연물 패턴 놀이

★ 가정에서도 할 수 있는 일상 속 수리력 놀이

간식으로 만드는 만다라

간식으로 우리 가족 만다라 만들기

집에 있는 간식을 이용하여
우리 가족의 규칙을 만들어요.

준비물

- 내가 좋아하는 간식 (과자, 사탕, 초콜릿 등)
- 동그란 접시

놀이 방법

① 우리 가족이 좋아하는 간식을 준비해요.
② 동그란 접시 가운데 내가 놓고 싶은 간식 한 개를 올려 놓아요.
③ 가운데를 중심으로 원을 그리며, 나만의 규칙을 만들며, 간식을 접시에 놓아요.
④ 가족들과 함께 만든 간식 만다라를 보며, 규칙을 찾아봐요.

이렇게 했어요!

| 수와 수량 | 공간·위치·방향 | 도형 | 기초적인 측정 | **규칙성** | 자료수집과 결과 |

[환경 인쇄물]
매일매일 특별한 우리만의 달력

| 신체운동·건강 | **의사소통** | 사회관계 | 예술경험 | **자연탐구** |

⭐ 놀이 소개
달력을 관찰해 반복되는 규칙을 발견한 뒤 우리 반만의 특별한 달력을 만드는 활동이에요. 요일의 반복, 매월 30·31로 끝나는 것과 같은 규칙성을 발견해 보면서 요일, 날짜, 주간 흐름에 대해 자연스럽게 익힐 수 있어요.

⭐ 놀이 자료
달력, 도화지, 채색 도구

⭐ 놀이 방법
1. 달력을 넘겨 살펴보며, 한 주에 무슨 요일이 있는지, 한 달은 며칠로 이루어져 있는지 반복되는 것을 찾아봐요.
2. 달력에 기록된 놀이와 행사를 보고 우리 반에서 반복되는 일정은 무엇이 있는지 생각해 봐요.
3. 달력 안에 특별실과 바깥 놀이터, 특정 놀이 등을 어떤 요일에 하고 싶은지 함께 정해 적어요.
4. 그림과 글씨로 표현해 우리 반의 달력을 만들어요.

⭐ **수리력을 높이는 아이들의 톡톡톡**

달력에서 반복되는 것들을 찾아볼까요?

월, 화, 수, 목, 금, 토, 일이 있어요!

5월에는 어린이날도 빨간 날이야!

우리 반에서 항상 같은 요일에 하는 것이 있나요?

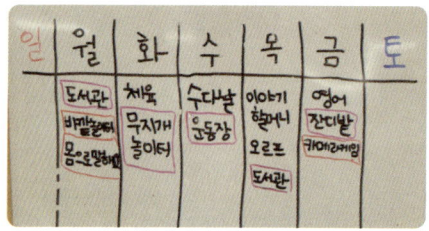

이야기 할머니가 목요일에 와요.

오늘은 수다날 이에요!
수요일은 다 먹는 날~

특별실 가는 날은 언제가 좋을까요?

월요일에 바깥 놀이해요.
빨리 놀이터 나가고 싶어요!

오늘 운동장에 가요!

놀이 TIP

- 30, 31과 같이 큰 숫자를 모르면, 매달 끝나는 날의 숫자를 관찰해 어떤 공통점을 가졌는지 생각해 봐요.
- 특별실 시간표가 이미 정해져 있거나 특별실이 없는 경우, 유아들이 좋아하는 놀이(예: 달리기 시합하는 날)를 특정 요일(예: 매주 수요일)이나 날짜(예: 매월 1일)에 할 수 있도록 우리 반 달력을 만들어 봐요.

⭐ 수리력 놀이 확장하기

- 우리 반에서 하는 여러 가지 활동을 카드로 만들어 섞어놓고, 달력에 배치하여 새로운 일정을 만들어 봐요.
- 달력에서 반복되는 숫자를 찾는 게임을 해 봐요. (예: 3, 13, 23과 같이 3이 들어있는 숫자 찾기)

요일 패턴 만들기

숫자 찾기 게임

★ 가정에서도 할 수 있는 일상 속 수리력 놀이

우리집 주간 달력 만들기

내가 만드는 일정

우리집에서 일주일마다 반복하고 싶은 일정을 만들어요.

준비물
- 주간 달력
- 필기도구

놀이 방법
① 가정에서 일주일 동안 반복되는 가족의 일정을 아이와 함께 정리해요.
(예: 월요일 : ○○이 태권도 가는 날, 토요일 : 아빠 쉬는 날 등)
② 요일별로 하고 싶은 활동을 그림이나 짧은 글로 써요.
③ 가족 모두가 볼 수 있는 곳(냉장고, 현관)에 붙여요.

이렇게 했어요!

[유-초 이음교육]
초등학교 1학년 교실 속 수업 이야기

우리 주변에서 규칙을 찾아보고 배워요.

규칙성은 초등학교 1학년 2학기에 다루는 영역입니다. 학생들이 실생활 속에서 탐구 활동을 통해 규칙의 의미를 이해하는 데 중점을 두고 있습니다. 규칙성에 관한 수업 내용은 우리 주변에서 규칙을 찾아보기, 규칙을 만들어 보고 다양하게 표현해 보는 순서로 지도합니다. 규칙을 배움으로써 학생들은 다음 것에 대해 예상해 볼 수 있는 능력을 기를 수 있습니다. 규칙이라는 것은 순서, 무늬 등에서만 찾을 수 있는 것이 아니라 수 배열표 등에서도 수의 규칙도 찾아봄으로써 다음 수를 예상해 볼 수 있습니다.

2019 개정 누리과정	1학년 수학	2학년 수학
• 주변에서 반복되는 규칙 찾기	• 물체, 무늬, 수 배열에서 규칙 탐구하기 • 물체, 무늬, 수 배열에서 규칙을 여러 가지 방법으로 표현하기 • 자신이 정한 규칙에 따라 물체, 무늬, 수 등 배열하기	• 여러 가지 무늬에서 규칙 찾기와 규칙 만들기 • 쌓은 모양에서 규칙 찾기와 규칙 만들기 • 덧셈표, 곱셈표에서 규칙 찾기

1학년에서 배운 규칙에 대한 개념은 누리과정과 이후 2학년 수학에서 배우는 덧셈표와 곱셈표에서의 규칙 찾기, 쌓은 모양에서의 규칙 찾기와 연결되어 있습니다. 1학년 학생들은 직접 자신이 규칙을 만들면서 수학에 대한 흥미를 갖게 됩니다.

블록을 활용해 규칙성 표현하기   규칙성을 이용해 포장지 만들기

| 수와 수량 | 공간·위치·방향 | 도형 | 기초적인 측정 | 규칙성 | **자료수집과 결과** |

[그림책]
나는 정리 왕

| 신체운동·건강 | **의사소통** | 사회관계 | 예술경험 | **자연탐구** |

⭐ 놀이 소개

[알쏭달쏭 정리정돈] 그림책은 다양한 물건들이 생각하지 못했던 새로운 기준으로 분류 되어 있는 그림책이에요. 유아들이 그림책을 보고 어떤 기준에 따라 분류했는지 찾아보며 여러 가지 분류 기준을 알 수 있어요. 자신만의 분류 기준에 따라 다양한 물건을 분류하고 설명해 보는 활동이에요.

⭐ 놀이 자료

그림책 [알쏭달쏭 정리정돈] (타나카 타츠야 글·그림, 고향옥 옮김, 비룡소) 그림책에 나오는 물건 그림, 분류 기준이 있는 돌림판

⭐ 놀이 방법

1. 그림책을 함께 보며, 각 페이지가 어떤 기준에 따라 분류되었는지 이야기해요.
2. 모둠별로 돌림판을 돌려서 규칙을 정해 책에 나오는 물건들을 분류해요.
3. 각자 자신만의 기준으로 분류하고 친구들에게 소개해요.
4. 모둠별로 분류 기준을 세워 물건들을 분류하고 어떤 기준으로 분류되었는지 이야기 나눠요.

⭐ **수리력을 높이는 아이들의 톡톡톡**

[알쏭달쏭 정리정돈] 그림책에서는 어떻게 정리를 했나요?

흰색들을 모았어요.

음식인 줄 알았는데 동물원이 되었어요.

여기에 있는 물건들을 어떻게 정리할 수 있을까요?

색깔별로 정리해요.

우리 원에 있는 것 없는 것으로 정리해요

어떤 기준으로 모았나요?
무엇이 될 수 있을까요?

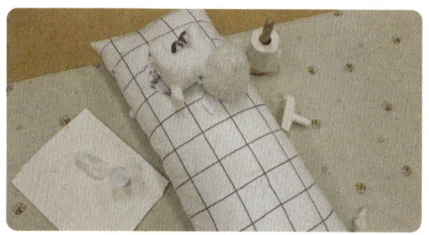

흰색인 것을 모았어요.

강아지 병원이 될 수 있어요.

> **놀이 TIP**
>
> - 분류 기준을 내가 좋아하는 것, 내가 싫어하는 것, 색깔, 놀이동산이 될 수 있는 것 등 유아들이 쉽게 분류할 수 있는 것으로 정해요.
> - 분류 기준을 정한 이유를 설명하도록 하여 자료수집을 할 때는 기준에 따라 수집해야 한다는 것을 알도록 해요.

⭐ 수리력 놀이 확장하기

- 교실에 있는 물건들을 놀이영역으로 분류하여 물건들을 정리할 수 있어요.
- 한 가지 주제로 벤다이어그램 활동을 하며 공통점과 각각의 특징을 유아들이 말하면 교사가 적어주어 정리해 보는 경험을 할 수 있어요.

교실 물건을 놀이영역 나누어 정리하기

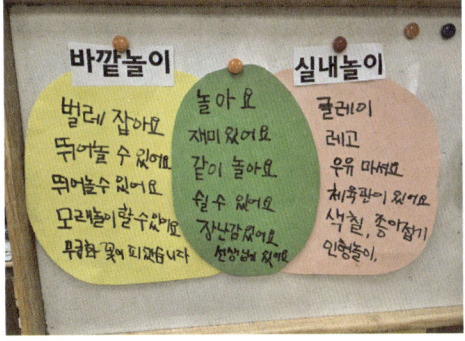

벤다이어그램

⭐ **가정에서도 할 수 있는 일상 속 수리력 놀이**

자료수집과 결과 활용 추천 그림책!

자료수집, 분류, 결과 나타내기

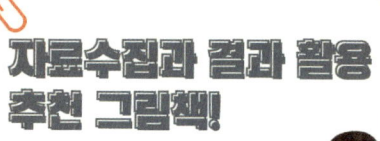

부모님과 함께 그림책을 읽으며, 자료들을 분류해보고 결과를 나타내 보는 경험을 할 수 있어요.

분류

✅ [키키네 수학유치원 중 '우리는 분류 대장']은 동물들이 댄스 파티에 가기 위해 빨래를 하며 빨래를 다양한 기준으로 분류 해보는 그림책이에요.

동물들이 빨래를 하며 어떤 기준으로 정리를 했는지, 또 어떤 기준으로 정리 할 수 있을지 이야기 나눌 수 있어요.

Q&A 빨래를 어떻게 정리 할 수 있을까?

단순분류, 재분류

 [얼렁뚱땅 아가씨]는 섞인 물건들을 기준에 따라 분류하면서 정리하는 이야기가 펼쳐지는 그림책이에요.

얼렁뚱땅 아가씨가 어떤 기준으로 정리를 했는지 알아보며 단순분류와 재분류의 개념을 알 수 있고, 하나의 사물이 기준에 따라 여러 분류에 속함을 알 수 있어요.

Q&A 바다에서 나는 것을 분류해 보았는데 이중에 다리가 달린 것은 어떤것이 있을까?

결과 나타내기

 [걱정많은 임금님]은 정약용이 여러 해 동안 많은 나무를 심은 기록을 한표로 정리한 이야기로 자료의 결과를 나타내는 과정의 이야기 그림책이에요.

많은 자료를 표로 정리하면 어떤 점이 좋은지 이야기 나눌 수 있어요.

Q&A 임금님은 정약용에게 왜 감탄 했을까?

수와 수량	공간·위치·방향	도형	기초적인 측정	규칙성	**자료수집과 결과**

[디지털]
냠냠핑의 선택은?

신체운동·건강	의사소통	**사회관계**	예술경험	자연탐구

⭐ **놀이 소개**

키오스크 프로그램을 활용해 카페 놀이를 하며, 손님들에게 가장 많이 팔린 메뉴를 찾아 오늘의 베스트 메뉴를 선정하는 활동이에요. 손님들이 주문한 메뉴 수를 표로 정리하는 과정에서 자료를 수집하고, 그에 따른 결과를 비교 하는 등의 수학적 사고를 경험할 수 있어요.

⭐ **놀이 자료**

키오스크 프로그램(http://www.비그플.kr/), 태블릿 PC, 카페 역할 놀이에 필요한 소품

⭐ **놀이 방법**

1. 키오스크를 본 경험에 관해 이야기를 나눠요.
2. 키오스크 메뉴를 주문하는 방법에 대해 알아봐요.
3. 카페 놀이에 필요한 역할(손님, 점원, 바리스타 등)을 정하고 놀이를 해요.
4. 손님들에게 가장 많이 팔린 메뉴가 무엇인지 표로 정리해 보고, 오늘의 베스트 메뉴를 선정해요.

⭐ **수리력을 높이는 아이들의 톡톡톡**

지난번 마을 탐방 갔을 때 본 키오스크 기억나나요?

네, 사람이 없는 카페였어요.

기계가 주문도 해 주고 또 카드를 넣으면 계산도 해줘요.

우리 원에서도 카페 키오스크 놀이를 해볼까요?

생크림 롤케이크 2개 주문할래요.

저는 키위 주스도 1개 포장해달라고 했어요.

가장 많이 팔린 메뉴는 무엇인가요?

키위주스 스티커는 끝까지 다 찼어요. 10개예요!

그럼 키위주스가 가장 많이 팔린 메뉴예요. 야호!

> **놀이 TIP**
> - 키오스크 사용방법 및 순서에 대해 안내하는 자료를 붙여 지원해요.
> - 소품 준비 및 놀이 진행 시 함께 수를 세거나 수의 양을 경험할 수 있도록 상호작용을 해요.

⭐ 수리력 놀이 확장하기

- 유아들이 만든 음식을 패들릿에 올린 후 '가장 맛있었던 음식-리뷰 작성 놀이'를 해봐요. 음식 사진에 '좋아요' 하트 표시를 하거나 댓글을 달아 칭찬할 수 있어요.
- '클래스룸 스크린(https://classroomscreen.com/)' 활용해 '오늘의 추천 도서'를 친구들에게 소개하는 놀이를 해보아요. 재미있게 읽었던 책이나 읽고 싶은 책에 투표한 뒤, '책 도우미' 친구가 선택된 책을 읽어주는 이야기를 들어봐요.

리뷰 작성을 부탁드립니다

책,책,책- 책 읽어드립니다. 오늘의 추천도서

⭐ **가정에서도 할 수 있는 일상 속 수리력 놀이**

키오스크 놀이 (Kiosk)

원하는 것을 선택하는 키오스크 놀이를 소개해요.

키오스크 놀이란?

- ✅ 사람의 도움 없이 사용자가 직접 필요한 정보를 선택하거나 서비스를 이용할 수 있도록 하는 시스템
- ✅ 키오스크 놀이를 하며 실생활 중심의 수와 문해력, 자기주도적 의사결정 능력 향상을 키울 수 있어요.

준비물

- ✅ 웹사이트 키오스크프로그램
  (https://www.비그플.kr)
- ✅ 태블릿 pc

활용 방법

① 웹사이트 키오스크 프로그램에 접속해요.

② 6가지의 프로그램 중 하나를 선택해요.

③ 마우스를 클릭하거나 화면을 터치하여 키오스크 역할 놀이를 해요.

| 수와 수량 | 공간·위치·방향 | 도형 | 기초적인 측정 | 규칙성 | **자료수집과 결과** |

[미술]
나만의 콜라주! 재료를 모아라

| 신체운동·건강 | **의사소통** | 사회관계 | **예술경험** | 자연탐구 |

⭐ 놀이 소개

다양한 잡지, 신문, 광고지 등을 수집하여 콜라주 활동을 하고, 사용된 재료의 종류와 패턴을 분석하는 활동이에요. 유아들이 시각 자료를 직접 수집하고 분류하는 경험을 통해 기초적인 수리력을 키울 수 있어요.

⭐ 놀이 자료

다양한 잡지, 신문, 광고지 등, 가위, 풀, 도화지

⭐ 놀이 방법

1 콜라주가 무엇인지 이야기를 나눠요.
2 준비된 잡지, 신문 등을 제시하고 나의 콜라주 재료를 자유롭게 수집해요.
3 수집한 재료를 분류하며 도화지 위에 자유롭게 콜라주 작품을 만들어요.
4 서로의 콜라주 작품을 감상하며 어떤 재료를 선택하고 사용했는지 발표해요.

⭐ **수리력을 높이는 아이들의 톡톡톡**

콜라주에 넣고 싶은 그림은 어떤 것이 있을까요?

토끼가 있으면 좋겠어요.

내가 좋아하는 음식 그림을 많이 모을래요.

종류별로 몇 개의 재료가 모였는지 세어볼까요?

하나, 둘, 셋, 넷, 네 개가 모였어요.

동물은 토끼, 코끼리, 사슴, 고양이 네 개가 모였어요.

우리들이 직접 모은 재료들로 콜라주를 만들어 볼까요?

난 공룡을 좋아해서 공룡 세상으로 꾸밀래요.

음식을 많이 모아서 음식끼리 모아서 붙일래요.

> **놀이 TIP**
>
> - 어린 연령의 경우 오려진 재료를 제공하면 원하는 것을 수집하여 바로 콜라주 활동을 할 수 있어요.
> - 활동 시작 전 어떤 종류의 그림이 많을지 예측해 보는 시간을 가져요.
> - 놀이하며 '분류', '개수', '가장 많다', '적다' 등의 수학적 용어에 익숙해지도록 상호 작용해요.

⭐ **수리력 놀이 확장하기**

- 우리 동네를 주제로 이야기 나눌 때 동네의 기관, 내가 사는 곳, 동네를 위해 일하는 사람들에 대한 서로의 생각과 대답을 한곳에 모아 비교해요.
- 가정으로부터 다양한 종류의 재활용품을 수집하고 만들고 싶은 작품을 계획해요. 작품에 필요한 재료를 분류하여 자유롭게 변신 아트 작품을 만들어요.

우리 동네 생각 모으기

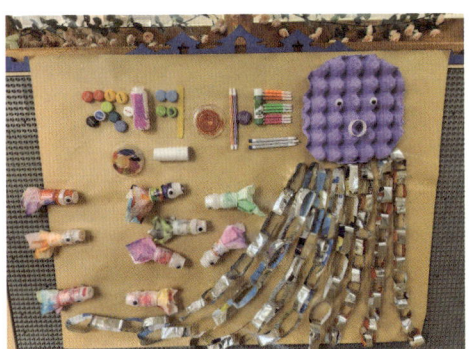

재활용 변신 아트

★ 가정에서도 할 수 있는 일상 속 수리력 놀이

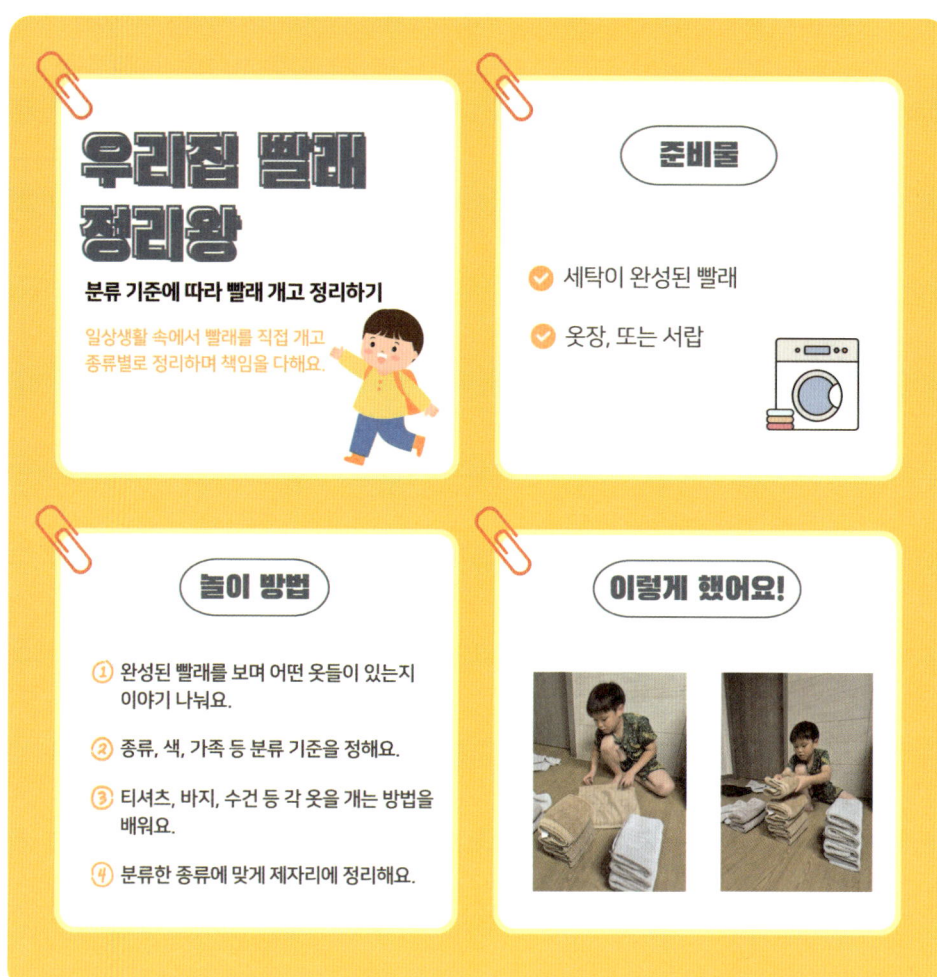

| 수와 수량 | 공간·위치·방향 | 도형 | 기초적인 측정 | 규칙성 | **자료수집과 결과** |

[자연물]
자연의 색을 찾아서

| 신체운동·건강 | 의사소통 | 사회관계 | **예술경험** | **자연탐구** |

⭐ **놀이 소개**

자연에 있는 여러 가지 색깔을 찾아 자연물을 수집해 보고, 친구들과 함께 같은 색의 색상환에 자연물을 놓고, 어떤 색을 찾았는지 알아보는 활동이에요. 자연물을 직접 활용하여 유아들이 자료수집 결과를 직접 눈으로 보고, 표현할 수 있어요.

⭐ **놀이 자료**

사진 돋보기, 자연 놀이 보자기, 바구니, 색상환 표

⭐ **놀이 방법**

1 사진 돋보기를 활용하여, 자연에 있는 다양한 자연물(돌, 나뭇가지, 열매, 풀잎, 꽃잎 등)을 찾아봐요.
2 내가 찾은 자연물을 바구니에 수집해요.
3 수집한 자연물의 색깔과 비슷한 색을 찾아 놓아요.
4 친구들과 함께 자연에서 찾은 색에 관해 이야기해 봐요.

⭐ **수리력을 높이는 아이들의 톡톡톡**

자연에서 무엇을 찾을 수 있을까요?

나무도 보이고, 꽃도 보여요.

여기 벌이 있어요. 꽃에 있는 꿀을 먹으러 벌이 날아다녀요.

자연의 색깔을 찾아볼까요?

단풍나무 잎은 진한 빨간색이에요.

똑같은 초록색 잎인 줄 알았는데, 이 잎은 연하고, 이 잎은 진해요.

자연에서 색을 찾아 모아보니 어떤가요?

초록색하고 갈색을 가장 많이 찾았어요.

파란색은 왜 없을까요? 자연에서 파란색을 찾고 싶어요.

> **놀이 TIP**
>
> - 자연물을 수집하기에 앞서, 활동을 위해 한 개씩만 수집하기로 약속해요.
> - 자료를 수집할 때, 유아들이 한눈에 결과를 볼 수 있는 활동(실물, 이미지 등)으로 지원해요.

⭐ 수리력 놀이 확장하기

- 바람개비를 이용하여 우리 원에서 바람이 불어오는 곳을 찾아봐요. 현관, 놀이터 앞에서 바람개비를 들고 바람이 어디에서 가장 많이 부는지 알아봐요.
- 바깥 놀이시간에 고개를 들어 하늘을 올려다보고, 사진을 찍어요. 우리가 만난 하늘의 색과 모양을 수집하여, 내가 찍은 하늘 사진에 관해 이야기를 나눠요.

바람이 불어오는 곳

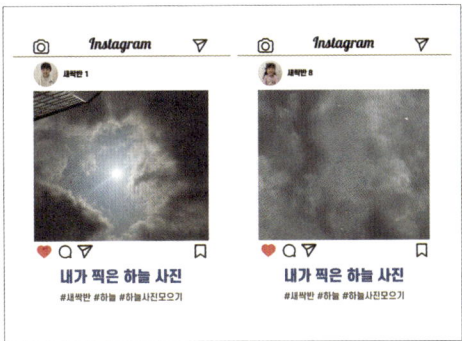

하늘 사진을 모아요

⭐ **가정에서도 할 수 있는 일상 속 수리력 놀이**

양말의 색을 찾아서

우리집 양말 색깔 찾아보기

우리 가족의 양말 중에 가장 많은 색깔을 찾아봐요!

준비물
✓ 우리 가족의 양말 한짝

놀이 방법
① 가족 모두 자신이 좋아하는 양말을 가져와요.
② 어떤 색의 양말을 가져왔는지, 왜 좋아하는지 가족들에게 소개해요.
③ 같은 색의 양말을 찾아 차례로 놓아요.
④ 우리 가족이 가장 좋아하는 양말 색깔이 무엇인지 이야기를 나눠요.

이렇게 했어요!

| 수와 수량 | 공간·위치·방향 | 도형 | 기초적인 측정 | 규칙성 | **자료수집과 결과** |

[환경 인쇄물]
우리 반 캐릭터왕은 누구?

| 신체운동·건강 | 의사소통 | **사회관계** | 예술경험 | **자연탐구** |

⭐ **놀이 소개**

선거 포스터와 공보물 등을 통해 투표에 대해 알아본 뒤, 우리 반 친구들이 좋아하는 캐릭터를 뽑는 활동이에요. 투표함에 모인 투표 결과를 비교하며 정리하는 경험 속에서 자료를 조직하는 능력을 기를 수 있어요.

⭐ **놀이 자료**

선거 포스터, 공보물, 투표함, 투표용지, 포스터 제작용 종이, 채색 도구

⭐ **놀이 방법**

1. 선거 포스터와 공보물을 살펴보며 투표와 후보에 관해 이야기를 나눠요.
2. 내가 좋아하는 캐릭터와 그 이유를 소개하며 후보를 선정해요.
3. 내가 좋아하는 캐릭터들을 그려 선거 포스터를 만들어요.
4. 내가 좋아하는 캐릭터에 투표하고 결과를 발표해요.
5. 우리 반 대표로 뽑힌 캐릭터를 캐릭터 왕으로 삼아 활용할 수 있는 방법을 생각해 봐요. (우리 반 로고, 자리표, 이름표, 알림판 등)

⭐ **수리력을 높이는 아이들의 톡톡톡**

왜 이 캐릭터를 후보로 추천했나요?

○○는 귀엽고 예뻐요.

□□는 능력이 많아서 기술을 잘 써요.

어떤 캐릭터가 표를 가장 많이 받았나요?

○○가 6표나 받았어요!

□□이 2표 차이로 졌어요! 3표만 더 있었으면 좋았을걸.

우리 반 캐릭터왕은 어디에 활용할 수 있을까요?

우리 반 옆에 붙여서 우리 반 거라고 알려줘요.

동생들에게 우리 반 표시라고 말해줘요!

> **놀이 TIP**
>
> - 캐릭터 대신 장난감, 과자, 동물, 놀이 등 유아가 흥미로워하는 다른 주제를 활용할 수 있어요.
> - 결과는 눈에 잘 드러나는 방식(표, 그래프 등)으로 표현해요.
> - 후보가 너무 많으면 비교하기 어려우니 3~5개 정도로 제한해요.

⭐ **수리력 놀이 확장하기**

- 우리 반 캐릭터 왕의 이목구비를 지운 그림 카드를 제공한 뒤, 다양한 표정을 표현하고 어떤 기분인지 써줘요. 완성된 기분 카드를 '오늘 하루 놀이 평가'에 사용해 봐요.
- 우리 반의 놀이 중 어떤 것이 가장 재미있는지 질문해서 결과를 수집한 뒤, 인기 많은 놀이와 선택되지 않은 놀이를 비교해서 어떻게 하면 재미있게 놀이할 수 있을지 생각해 봐요.

캐릭터왕 기분 카드 만들기

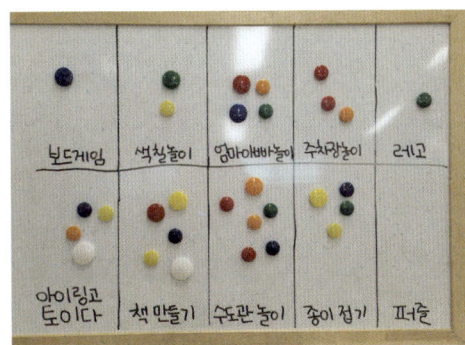

우리 반 놀이 인기투표

⭐ **가정에서도 할 수 있는 일상 속 수리력 놀이**

오늘의 히어로

생각하고 뽑고 결과모으기

우리 가족 구성원 중 가장 멋진 행동을 한 사람을 뽑아요.

준비물
- '오늘의 히어로' 메달

놀이 방법
① 하루 일과 중 멋진 모습을 보여준 가족 구성원이 누구인지 이야기 나눠요.
(예: 하루종일 집을 청소한 엄마 / 나를 안고 돌아다닌 아빠)
② 가족 중 누가 가장 멋진 모습을 보여주었는지 가리켜요.
③ 감사와 칭찬을 표현하며 '오늘의 히어로 메달'을 수여해요.

이렇게 했어요!

스스로 책을 5권 읽었어요!

[유–초 이음교육]
초등학교 1학년 교실 속 수업 이야기

1학년에서는 '몇 시', '몇 시 30분'까지 시각을 배워요.

초등학교에 입학하면 가장 달라지는 점은 수업 시간과 쉬는 시간이 구분된다는 점일 것입니다. 그래서 1학년 학생들은 선생님께 지금 몇 시인지 질문하는 일이 많습니다. 이처럼 1학년 학생들은 일상생활에서 시각이 필요한 상황에 마주하게 됩니다.

따라서 수학 시간에 시각을 시계에 나타내거나, 시계를 보고 시각을 말하고 쓰는 것을 배웁니다. 1학년 때는 '몇 시', '몇 시 30분'까지 배우며 '몇 시 몇 분'으로 표현하는 것은 2학년 때 배우게 됩니다.

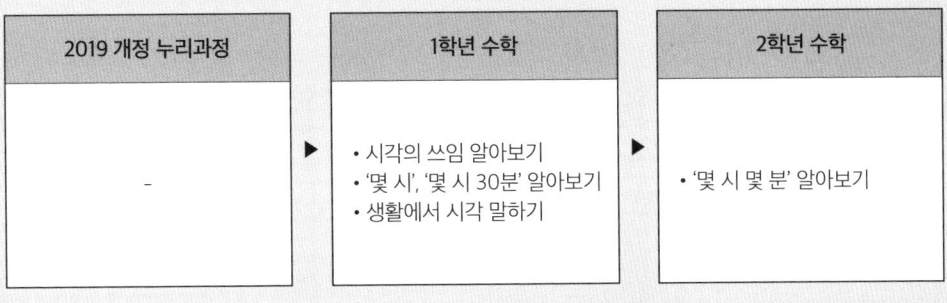

실제로 시계 모형 시계를 조작하며 제시된 시각을 직접 표현할 수 있도록 합니다. 이때, 긴 바늘과 짧은 바늘의 움직임을 살펴보며 긴 바늘이 움직일 때 짧은 바늘은 어떻게 움직이는지 변화를 살펴보도록 합니다. 그리고 교사가 제시한 시각에 자신이 무엇을 하는지 살펴봄으로써 친구 간 이야기를 나눌 기회를 가집니다.

모형 시계로 시각 표현하기

참고 문헌

- 교육부.(2019). 유치원 교육과정.
- 교육부, 보건복지부.(2019). 2019 개정 누리과정 해설서.
- 교육부. (2024). 초등학교 국어 교사용 지도서 1-1.
- 교육부. (2024). 초등학교 국어 교사용 지도서 1-2.
- 교육부. (2024). 초등학교 수학 교사용 지도서 1-1.
- 교육부. (2024). 초등학교 수학 교사용 지도서 1-2.
- 교육부. (2024). 초등학교 수학 교사용 지도서 2-1.
- 교육부. (2024). 초등학교 수학 교사용 지도서 2-2.
- 김영숙. (2017). 찬찬히 체계적·과학적으로 배우는 읽기&쓰기 교육. 서울: 학지사.
- 메리언 울프. (2022). 문해력 형성을 위한 유아기 언어 및 사회 정서 발달의 결정적 중요성 : 디지털 시대를 향한 진심 어린 조언의 이야기. 구성주의유아교육학회 학술대회, 20, 9-29.
- 변선주, 조안나.(2024). BBC 애니메이션 넘버블럭스가 탄자니아 유아의 수리력에 미치는 영향. 한국어린이미디어학회, 2024(6), 304-310.
- 서혜정, 고지민. (2024). 유아수학교육. 고양 : 어가.
- 엄훈. (2017). 초기 문해력 교육의 현황과 과제. 한국초등국어교육, 63, 83-109.
- 이경화, 최종윤. (2016). 한글 해득 능력이 학급 공동체네트워크 형성에 미치는 영향. 청람어문교육, 59, 133-158.
- 이경화. (2017). 문해 능력 증진을 위한 한글교육 운영 방안. (이슈페이퍼CP 2017-02-09). 충북: 한국교육개발원.
- 이경화. (2019). 기초 문해력과 읽기 부진 지도. 청람어문교육, 71, 223-245.
- 임부연. (2022). 유아교육과정 문해력 탐구: 2019 개정 누리과정 '총론'을 중심으로. 영유아교육과정연구, 12(2), 1-27.
- 최경숙. (2014). 누리과정 자연탐구 영역의 수학 관련 내용 고찰. 열린유아교육연구, 19(3), 263-283.
- 최나야, 정수지, 최지수, 박상아. (2022). 균형적•통합적 유아 문해교육 프로그램이 유아의 기초문해력에 미치는 효과. 인지발달중재학회지, 13(1), 21-49.
- 최나야, 최지수, 노보람, 오태성. (2021). 그림책을 활용한 부모-자녀 말놀이 프로그램이 책 읽기 상호작용, 만 4세 유아의 이야기 이해와 음운론적 인식에 미치는 효과. 인지발달중재학회지, 12(1), 71-102.
- 최수지, 박상아, 최지수, 정수지, 김효은. (2022). EBS 문해력 유치원: 우리 아이 문해력 발달의 모든 것. 고양: EBS Books.
- Braeuning, D., Ribner, A., Moeller, K., & Blair, C. (2020). The multifactorial nature of early numeracy and its stability. Frontiers in Psychology, 11, 518981.
- Reid, K. (2016). Counting on it: Early numeracy development and the preschool child. In Changing minds: Discussions in neuroscience, psychology and education (Issue 2). Australian Council for Educational Research.
- Nunez, N., & O'Dea, D. (2024). The Impact of Numeracy on Early Childhood Development: A Meta-Analysis of Experimental Studies. (Preprint). ResearchGate.

교육과실천의 유아 놀이

아이 주도 질문 놀이
이명진 지음

이 책은 저자가 4년 동안 3, 4, 5세 연령의 아이들과 놀이중심 교육과정을 실행하며 경험한 내용을 담았다. 질문 문해력을 키워주는 39가지의 다양한 놀이와 72장의 현장에서 바로 뽑아 쓰는 질문 놀이 카드를 통해 아이의 질문 문해력을 높일 수 있다.

지속가능발전놀이 72
홍표선, 김은샘, 배지은, 서혜승, 이슬, 이여빈, 이은주, 이정화 지음

지속가능발전교육이 무엇이며 왜 필요한 것인지부터 시작해서 유아교육기관에서 초등학교에 이르는 교육 현장에서 바로 적용할 수 있는 방안을 다양한 '놀이활동'으로 제시한다.

유·초 이음교육 HOW TO
김나영, 백송이, 유성훈, 이예린, 김민경, 김지영, 전원미, 최미화, 최윤미 지음

유치원과 초등학교의 각 교육과정을 면밀히 분석하고 조밀하게 연계해, 두 학교급 아이들 모두 쉽고 재미있게 참여할 수 있는 놀이와 활동을 기획하는데 집중했다. 이 책은 유치원과 초등학교의 상호 교육과정을 연계해 현장에서 쉽게 활용할 수 있는 35가지 활동을 기획해 충실히 담았다.

그림책 한글 놀이
홍진선 지음

한글을 즐겁게 익히는 가장 강력한 도구라고 할 수 있는 '그림책'과 '놀이'를 이 한 권에 함께 담았다. 이 책에 실린 50권의 흥미로운 그림책과 91개의 다양한 놀이를 통해 아이들은 재미있게 한글이랑 만나고, 놀고, 친해지고, 이야기 나눌 수 있다.

알수록 재미있는 교실 속 디지털 놀이
김연희, 이경진, 고은주, 이송이, 이아라 지음

아이들에게 있어 디지털, 온라인은 이제 더 이상 기피대상이 아닌, 아이 주도의 디지털 놀이를 통해 아이의 성장과 발달을 돕는 필수조건이다. 디지털 놀이에 익숙하지 않은 교사들과 부모가 보다 쉽게 접근하여 이해하고 활용할 수 있는 생생한 현장중심의 수업을 소개한다.

그림책 요리 놀이 102
이현주, 홍표선, 전영숙, 이은주, 이미영, 김광혜, 오은주 지음 | 김선규 감수

이 책은 우리 아이들이 다양한 음식을 만나 친해지고 골고루 먹으며 행복하고 건강하게 자라기를 바라는 마음을 담아, 32권의 그림책으로 맛있게 빚어낸 102가지 요리와 놀이 레시피를 소개한다.

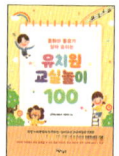
유치원 교실놀이 100
김연희, 양효숙, 이경미 지음

유아·놀이중심 교육과정을 기반으로 실제 유치원 현장에서 놀이할 수 있는 감각표현놀이, 상상역할놀이, 열린 창의놀이, 신체놀이, 자연놀이 등 5개 영역의 놀이 100개를 선정, 바로 사용 가능한 콘텐츠로 제작해 교실에서 직접 경험할 수 있노록 현상 활용도를 높였다.

• 교육과실천의 유아 교육과정, 학급운영 •

놀이중심 교육과정

정나라, 정유진 지음

과도기적인 상황에서 놀이중심 교육과정에 대한 유치원 현장의 고민에 답한 책이다. 놀이 속 교사의 역할과 기록까지 실제 사례를 통해 놀이중심 교육과정의 의미와 궁금증에 대한 해답을 한 권의 책으로 담았다.

놀이중심 교육과정 119

정유진, 정나라 지음

현장에서 유아들과 함께 생활하는 두 선생님의 생생한 경험이 담긴 일화를 수록함으로써 놀이에 대한 이론과 실제를 함께 다룬다. 또한 유아와 교사의 관점만이 아니라 학부모의 입장에서 유아·놀이 중심 교육과정에 대한 이해를 돕도록 생생한 사례들을 담고 있다.

그림책 놀이 학급운영

홍표선, 김진희, 이은주, 이현주, 강상주, 변미정, 이선아, 이미영, 장현아, 이여빈, 배지은 지음

새 학기를 앞두고 교사는 어떤 아이들을 만날지 설레는 마음과 함께, 어떻게 하면 아이들과 즐겁고 신나게 일 년을 함께할 수 있을지 고민이 깊어진다. 유아교육 현장 전문가들이 영유아교육에 도움이 되는 그림책 28권과 그림책으로 하는 85가지 놀이를 담았다.

알기 쉬운 민원 대응과 교권 회복으로 살아남기 77

김연희, 이정희, 김학선 지음

'교육 활동 보호'를 위한 법과 제도에 대해 얼마나 제대로 알고 계시나요? '77가지의 교육 활동 침해 사례와 대응법'으로 알기 쉽게 민원에 대응하고 법과 제도로 유치원, 어린이집 교사를 보호하는 단 한 권의 책!

슬기로운 유치원 생활

김진희, 이미영, 이여빈, 홍표선, 이은주 지음

언제 다시 찾아올지 모르는 위기 상황, 감염병을 지혜롭게 이겨내기 위한 방법을 안내하기 위해 여러 유아교육기관과 가정에서 실천했던 좋은 사례를 모았다.

놀이로 풀어보는 유치원 학급운영

정유진, 정나라 지음

'황금의 5주' 3월을 위한 놀이 중심 학급운영. 유치원 일 년 학급운영의 기초가 되는 기본생활습관 지도를 위한 다양한 활동과 팁, 친밀감을 높이는 관계형성놀이 그리고 3월이 시작되기 전 교사의 마음가짐과 준비할 것들을 소개한다.

유치원 학급운영 어떻게 할까?

뿌리 깊은 유치원 교사 연구회 지음

유치원 학급운영을 고민하는 교사들에게 교실 환경 구성에서 모둠 운영까지, 등원 지도에서 귀가 지도까지, 문제 해결을 위한 기술에서 학부모 상담까지 학급운영을 위한 모든 것을 알려준다.

• 교육과실천의 교사성장 •

수업의 본질
김태현 지음

수업은 교사의 자존에서 시작되어 디자인을 거쳐 실행되고, 성찰을 통해 비로소 깊어진다. 이 책은 기술이 아닌 존재에서 출발해 질문과 이야기, 각자의 색깔로 수업을 빚어가는 교사의 여정을 담아낸다. 수업은 결국, 교사 자신의 언어로 쓰는 하나의 작품이 된다.

교사의 시선
김태현 지음

'교사의 시선'으로 교사가 매일 경험하는 일상, 그 보통의 하루가 가지는 가치를 깊이 들여다본다. 그리고 교사이기 이전에 한 인간으로서 겪어야 하는 보편적인 고통에 대해서도 생각해본다.

교사, 삶에서 나를 만나다
김태현 지음

이 책은 '본질, 감정, 신념, 창조, 공동체' 다섯 개의 키워드를 따라 교사의 삶을 들여다본다. 시와 그림, 책과 음악, 그리고 조용한 내면의 목소리를 통해 교사는 스스로를 위로하고 다독이며, 다시 걸어갈 힘을 되찾는다. 삶은 평범한 하루 곳곳에 예술과 영감의 순간을 숨겨두고 있다.

교사 정치기본권 보장
서용선 지음

"선생님은 파란색이 좋아요, 빨간색이 좋아요?" 마치 주문처럼 교사를 옴짝달싹 못 하게 하는 아이들의 질문. 대한민국은 왜 교육에 절망하는가? 교사에게 좋은 교육을 만들 책임을 부여하라! 바로 그것이 교사 정치기본권이다. 이제 '가시덤불'을 나와 '숲'을 보고 '나침반'을 들고 길을 열어가야 할 때다.

부자샘 가난한샘
원재연 지음

임용고시 합격은 더 이상 잭팟이 아니었다. 교사로서 교직의 삶과 개인의 삶의 균형을 맞추기 위해서는 경제적 자유가 필요하며, 불확실성의 시대위기를 기회로 바꾸는 부자샘의 생각 전환법.

상담을 돕는 상담책
김지영, 김신실 지음

이 책은 상담을 앞둔 선생님들의 막막함과 두려움을 덜어 주고, 보다 효과적인 상담 활동이 이루어지도록 십수 년간 학교를 비롯해 다양한 교육 현장에서 전문상담교사로 일하며 쌓아 온 상담 지식과 노하우를 아낌없이 펼쳐낸다.

교사상담소
송승훈, 고성한 지음

수업, 학급운영, 행정업무, 관계, 민원, 무기력, 육아, 퇴직… 오늘도 닫힌 교실에서 혼자 괴롭고 외로운 선생님께 드리는 맞춤 상담과 동행 그리고 교사 상담 노트.